Introduction to School Counseling Based on Adlerian Psychology
How to encourage children at school

アドラー心理学による
スクールカウンセリング入門
どうすれば子どもに勇気を与えられるのか

深沢孝之［編著］

アルテ

はじめに

平成七年（一九九五年）に文部省（当時）により、スクールカウンセラー制度（当時はスクールカウンセラー活用調査研究事業）が始まって今年（平成二七年）で二十年になります。制度導入に当たって当初は、学校関係者と臨床心理関係者双方に戸惑いがあったように見えましたが、今では十分に定着して、全公立中学校にスクールカウンセラーが配置され、小学校や高等学校への配置も進んできています。それだけ多様なニーズや問題を持つ現代の子ども、保護者、教師に応えるには専門的な心理職が必要である、との認識が社会にできてきたということだと思われます。それはこれまでの数多くのスクールカウンセラー、臨床心理学者、教育関係者らの努力や実践、研究の積み重ねがあってこその成果でしょう。

一方筆者は、「臨床心理業界」の末端にいる者として、またスクールカウンセラーとして活動している者として、一つ、残念というか寂しい思いがいつもしていました。スクールカウンセリングにとてもフィットするアプローチがあることを多くのスクールカウンセラー、臨床家、学校関係者が知らないということです。

それはアドラー心理学です。

アドラー心理学、それを創始したアルフレッド・アドラーの名は、心理学の教科書には少しは触れられているので、目にしたことがある人はいるでしょう。でもその全貌が日本に紹介され広がり始めたのは、比較的最近のことです。フロイト、ユングの同時代人でありながら、はるか後になってしまいました。しかし、アドラー心理学こそ、私たちが日々実践しているスクールカウンセリングあるいは教育相談、学校心理臨床の礎を築いた元祖、本舗、老舗なのです。そして、今でも十分に役に立つアプローチです。でも、臨床心理業界には一部を除いてほとんど知られず、報告もまれでした。

しかし、昨年の『嫌われる勇気』(岸見一郎・古賀史健、ダイヤモンド社)の爆発的なベストセラーによって、臨床心理業界の外、一般社会の方でアドラー心理学の知名度が一気に上がりました。注目度が高まることによって、様々な切り口、タイプのアドラー心理学本が次々に出版されるに至っています。本書もその流れの中にあることを筆者は認めます。しかしこのアドラーブームは、心理学者や精神医学者のような専門家から流れてくる啓蒙のような形ではなく、一般の人々の興味・関心から始まったということで、アドラー心理学らしいといえるような気がしています。アドラー自身、専門用語を使わず、わかりやすい言葉で普通の人々に届くように語っていたからです。でもこれからは、専門家とされる人たちもアドラー心理学を学び、取り入れていく段階に入ることを筆者は期待しています。

本書は、縁あってアドラー心理学を学び、学校臨床現場で実践している仲間によってできあがったものです。想定している読者は、全国のスクールカウンセラーですがそれだけでなく、教育相談や生徒指導に携わっている教師、そういう分野に関心のある学生やカウンセラー、一般の方々に読んでいただくことを願っています。一口にスクールカウンセリングといっても、小学生から高校生まで年齢幅はかなりあります。子どもの臨床には発達的視点は不可欠です。そこで、アドラー心理学を学びながら現在それぞれの現場で実践しているスクールカウンセラー、臨床心理学者に報告を依頼しました。後半にはどの校種にも共通する問題について、専門的に考察していただいています。

各執筆者は、自分なりにアドラー心理学を理解し実践していることを、学術的な形式にこだわらず、それぞれの関心とスタイルで書いています。アドレリアン（アドラー心理学の学習者、実践者）にはさまざまな姿があり、おそらくそれはアドラー心理学とその人のライフスタイル（性格についてのアドラー心理学用語）と現場との相互作用の反映といえるでしょう。アドラー心理学の単なる解説だけでなく、そのような多様性も読者に感じ取っていただきたいと思っています。したがって本書は、「これがアドラー心理学的スクールカウンセリングの正しいやり方だ」といったマニュアルのようなものではありません。「個性記述的」といわれるアドラー心理学は、臨床でも実践者によってとても個性的な姿です。私たちはアドラー心理学の権威者でもマスターセラピストでもありませんが、「大切なのは何を持つかではなく、持っているものをどう使うかだ」というアドラーの言葉や、「不完全である勇気」というアドラー派の先達が残してくれた言葉に従い、臨床現場で拙いながらも、アドラー心理学とカウンセラー自身の個性をどのように使っているかを表現することを試みました。

伝えきれていないことや研究不足のところも多々あると思いますが、それでも本書が、日々臨床や支援の現場で奮闘されている方々にとって何らかの参考になり、アドラー心理学に関心を持っていただくきっかけになれば幸いです。

深沢　孝之

目次

第1章　スクールカウンセリングとアドラー心理学

深沢　孝之

アドラー心理学は学校臨床の祖

「はじめに」にのべたように、アドラー心理学はスクールカウンセリングと相性がとても良いと思われます。その辺を明確にするために、まず本書のテーマに関連するアドラー心理学の歴史を簡単に紹介します。

アルフレッド・アドラー（一八七〇～一九三七）はオーストリア、ウィーンの開業医として活躍していましたが、精神分析学を創始したフロイトの勉強会に参加してからそこでも頭角を現しました。しかし学説上の対立から二人は一九一一年に決別します。そしてアドラーは自説をさらに洗練させ、臨床で実践して仲間と共に自らの心理学を広めていきました。

特に注目すべきは第一次大戦後のウィーンで一九一九年より、今でいう児童相談所、教育相談所に相当する機関をいくつも設立したことでした。世界的にも先例のないことでした。これは大戦後のオーストリアの政権党・社会民主党による「赤いウィーン」と呼ばれる教育改革を背景にしていたといわれます。[1]一九二四年にウィーン市が教育研究所を設立し、アドラーはそこの治療教育部門の教授に就きました。当時アドラーに会った訪問者は「（アドラーは）ステレオタイプで重苦しいドイツの教授とは全く対極に位置するスタイルだった」と回顧したそうです。アドラーは精力的に活動し、一九二四年から三年間で六〇〇人以上のウィーンの教師がアドラーの講義を受講したそうです[2]。この時期のアドラーの活動が、臨床心理学における学校臨床のスタートといってよいかもしれません。

そういう場でアドラーは精力的に教師たちの相談に乗り、親子へのカウンセリングを行いました。また、アドラーに学んだ人たちがチームを作り、週に一、二回、学校の空いた教室で面接を行いました。セッションにおいては、ケースレポートを教師が読み上げるのをアドラーが随時解釈をし、助言を行いました。興味深いのは、教師の報告の後、事例の子どもや親が入ってきてアドラーと直接対面して、参加者の前でアドラーが親子に質問し、勇気づけや助言を行ったことです。そこから集団の前でカウンセリングをすることをアドラー派では「オープン・カウンセリング」と呼んで、実践するようになり、現在までその伝統は続いています。その当時の記録を読むと、まだ現在のような洗練された形ではないにせよ、グループセラピーやコンサルテーションの先駆的活動だったことがわかります[3]。以下は反抗的で盗みや喧嘩をする非行児、一二歳のニコラス君にアドラーが面接した内容の一部です。一九二九年、アメリカで行われた公開のセッションの一部だそうです[4]。

アドラー先生「やあ、いらっしゃい。こちらにいる友達の間に座って、君が一番したいことは何なのか、教えてもらえないかな」
ニコラス「ウェスト・ポイント（陸軍士官学校の場所：筆者注）に行って、馬に乗ったり、銃を手にしたいな」

アドラー先生「牧場とか農場ではまずいの？」
ニコラス「ダメだよ、農場には太った馬しかいないもの」
アドラー先生「君は速い馬、競走馬が好きなの？　君はお姉さんとレースをして、どちらが先に進んでいるか、確かめたいのかな？」
ニコラス「そうだよ」
アドラー先生「だとしたら君は勇敢とは言えないと思うな。お姉さんは学校では良い生徒だ。だが君は、良い生徒になろうとする希望を失っているようだ。君の先生は、もし君がもっと勉強に関心を払えば良い生徒にきっとなれると思ってらっしゃる。君は賢い子だから、君がそうしようと思えば、クラスで最高の生徒の一人になれると、私は信じている。そりゃ時間がかかるかもしれないけれど、きっとそうなるんだ。……（中略、アドラーはニコラスが学業や交友、家族の課題に向き合うようにポジティブな面を指摘したりして勇気づけ続けます）……もし君がお母さんにもう少し手助けをすれば、君のお母さんもお姉さんも君のことをもっと好きになるに決まっている。ここで提案がある。もし君が来週、人がしてほしくないことをしたら、たった二度だけどね、ここに僕に会いに戻ってくるのだ。うまくやれると思うかな？」
ニコラス「やれます」

このようなセッションに出た人は、「しばしばアドラーが初めて会った子どもと親とすぐに友好的なラポールを築くことができることに強い印象を受けた」そうです。(5)アドラーの卓越した洞察力とコミュニケーション力は方々で感銘を与えました。また、これまでの権威主義的で子どもの主体性を認めない教育法にアドラーは強い反発を感じていたので、この革新的な活動が世に知られてくるにつれて、アドラーは一層活発に仕事にはげみました。

残念ながらアドラーが作った先駆的なウィーンの相談所は、ナチスの台頭によってつぶされ、消えてしまいました。アドラーもアメリカに渡り、活動の拠点を移すことになりました。アメリカでも精力的に講演などの活動を続けたアドラーですが、一九三七年、スコットランドのアバディーンで亡くなってしまいます。心臓発作といわれています。ロシアで行方不明になった長女バレンティーナの身を案じていたことが影響したのではないかという話もあります。

アドラーの死後、第二次大戦を経て一時期アドラー心理学は下火になっていましたが、弟子のルドルフ・ドライカース、ハインツ・アンスバッハー、ロエナ・アンスバッハーらによって「再興」されました。(6)(7)ドライカースはアドラー心理学を子育てや教育に焦点化して伝え、多くの教師や親たちに影響を与えました。アンスバッハー夫妻は、バラバラの状態だったアドラーの論文を整理し、次世代の研究の礎にしました。彼らの努力により、アドラー心理学はアメリカにおいて一定の位置を得るに至ります。

日本においてアドラー心理学は、教育界での浸透が先行している感があります。特に現在「クラス会議」という学級経営の手法が熱心なアドレリアン教師、教育者によって実践されています。(8)またアメリカでアドラー心理学に基づいて開発されたペアレント・トレーニング・プログラムに影響されて日本でもいくつものプログラムが開発され、多くの受講者、支持者を得ています。(9)また岩井らの活動によって、産業、人材育成方面でも現在アドラー心理学は注目されています。(10)このようにアドラー心理学の考え方やアプローチは、日本にも少しずつ知られてきていますが、元々アドラー心理学はカウンセリングや心理療法の理論であったので、今後は臨床心理学など対人援助の分野でもさらに注目されてくると思われます。特に本書のテーマであるスクールカウンセリング、教育相談といった分野では、アドラー心理学との相性の良さが確認されてくることを筆者は期待しています。

アドラー心理学では子ども・家族とどう向き合うか

アドラー心理学の理論的内容に触れる前に、実践の現場において重要となる態度や考え方について述べます。理論や思想とも関連しますが、スクールカウンセラー（以下、ＳＣ）がどのような態度でクライエントに接するかは、面接の雰囲気、クライエントとの関係性の質を決め、カウンセリングの効果に大きな影響を与えると筆者は考えるからです。どのような立派な理論や技法も、カウンセラーの態度や雰囲気、人間性（あまり強調するとかえって良くないですが）によって生きも死にもするでしょう。アドラー心理学の態度、考え方を表してみます。

（1）相互尊敬・相互信頼、横の関係

アドラー心理学では、カウンセラーとクライエントは「相互尊敬・相互信頼」の関係を築くことを求めます。どのような個人も、どのような問題や障害を持っている子どもでも、周りから非難される問題児と呼ばれるような子どもでも、モンスターペアレントといわれてしまうような保護者に対しても、かけがえのない個人として尊敬をもって接します。そして相手の行為を信頼し続けます。クライエントが間違った行動をしても、それは正しい行動を学んでいなかったり、正しい行動をする勇気が欠けていたからであって、その人自身が「悪」だからではありません。どのような状態の人であって

も、可能性をカウンセラーは信じ続けます。

そのような態度をカウンセラーが堅持すれば、相手は変わってきてこちらを尊敬、信頼し返してくれることは少なくありません。しかし本当は見返りを求めるのではありません。先ずカウンセラーが相手を徹底的に尊敬し、信頼することです。そのお返しにクライエントがカウンセラーを尊敬し、信頼してくれるかはわかりません。梶野は英語の「mutual respect」において日本語の「相互」と英語のmutualにはニュアンスの違いがあることを指摘して、日本語は「お互い様」的な含意がありますが、英語はそれほどではなく、「両者のあいだに何かしら尊敬（信頼）の関係があるということ」と述べています。[11]「お互いに尊敬し合い、信頼し合いましょう」とか「私が尊敬しているのだから、相手も尊敬し返すべきだ」と考えると少し違ってきてしまうかもしれません。

しかし、実際そのような態度でカウンセラーがクライエントに接し続けて、「良い関係」ができれば素晴らしいことです。セラピーは半ば成功しているようなものです。そしてアドラー心理学では、カウンセラーが上でクライエントが下という「縦の関係」ではなく、お互いが協力して問題を解決するという「横の関係」による協同を目指します。

このようにカウンセラーとクライエントの対等性、平等性を強調するのがアドラー心理学ですが、今日ではこのような考え方は教育や支援に関するどの分野でも当然の前提となっています。しかしアドラーはまだ人種差別が公然とあり、男女平等や子どもの権利条約もない時代から敢然と主張していたのですから、その先見性は高く評価すべきです。アドラーは、子どもを対等な友人として扱わなければならないと信じていました。SCは、「相互尊敬・相互信頼」「横の関係」を頭に入れながら子どもにアプローチすることで、より良い関係作りを目指したいものです。

（2）勇気づけ

アドラー心理学は「勇気づけの心理学」として知られています。「勇気」は古代ギリシアの時代から人間の徳目として重要視されていましたが、最近まで心理学では取り上げられることの少ない概念でした。特に臨床心理学では、勇気なんて勇ましい感じの言葉はふさわしくないとでも思われたのか、「癒し」とか「受容」「安心、安全」「愛着」といった柔らかいニュアンスの言葉が重視されてきたように思います。もちろんそれらも大切ですが、クライエントが人生という困難の多い道を歩くのを支援するためには、まだ道具が不十分という感じを筆者は持っていました。その中で唯一といってもいいくらい、アドラー心理学では勇気を強調しています。

アドラー心理学でいう勇気とは「困難を克服する活力」です[12]。人生で直面するさまざまな困難や障害、問題に対して真摯に向かっていく態度や意欲といえます。問題行動や症状とは、そういう困難な課題に対して「勇気がくじかれて」不適切、病的な行動を選択してしまっている姿です。ですから、カウンセラーの仕事はクライエントを勇気づけることです。アドラー心理学のカウンセリングは、「勇気づけに始まり、勇気づけに終わる」と言われるくらい、この考え方を大切にします。勇気づけとは、「相手が人生の課題（アドラー心理学的にはライフタスクと呼びます）に向かうように援助すること」です。

具体的にどのように勇気づけるかは、まさにケースバイケースで、相手のニーズ、状態、治療目標などによって個々に考えるべきことです。しかし、アドラー派の実践者たちの長い経験の中で、目安、方法論的なものは提示されています[13]。

SCは、勇気をくじかれた子ども、保護者、教師を勇気づけることが第一の仕事です。

(3) 共同体感覚

アドラー心理学で最も重視するのは、「共同体感覚」です。「共同体感覚は精神的健康のバロメーター」という言い方もよくします。ですから教育や心理療法の目標は「共同体感覚の育成」です。スクールカウンセリングも同じです。

では、その共同体感覚とは何かというと実はけっこう難しいのです。アドラーはよく「相手の目で見、相手の耳で聞き、相手の心で感じること」と表現しました。それでピンとくるのはむしろ普通の感覚の人のようで、専門家には割に不評でした。そこでアドラー派のカウンセラーや学者は、様々な定義を考えてきました。筆者は岩井による「共同体に対する所属感・信頼感・共感・貢献感」をよく採用しています。(14)

八巻は共同体感覚について理解する時、それが欠如している状態を考えることを勧めています。(15) それは「私的論理 private logic」にとどまっている人です。自分にだけ通用する論理、社会的に有用ではない考え方をする人です。私的論理の虜になって、自分の利益だけを求める人、自分自身にしか関心のない人は共同体感覚が発達しているとは言い難く、メンタルヘルス的にも問題になりやすいと考えます。クライエントとして現れる人は、さまざまないきさつがあるとはいえ、視野や思考の範囲が狭く、自分や他者の不具合な部分にしか注目していないことが多くあります。岩井は共同体感覚が発達していない人は、「①他者よりも自分に対する関心が圧倒的に強く、②グループの中でも疎外感を持ち、③他者に依存しようとし、④関わる人に対する不信感が強く、⑤競争的、または回避的行動を

る可能性がある」と指摘しています[16]。

ちなみにアドラー心理学でいう共同体とは、「自分が所属している家族、学校、職場、社会、国家、人類という全てであり、過去・現在・未来の全ての人類、さらにはこの宇宙全体も指している」[17]という気宇壮大な発想です。共同体感覚はどんどん広く深く発達する可能性があります。

ただ、臨床上はもっと現実的に、地味に、その人にとって課題となる共同体のレベルに取り組むことになります。筆者は、「この人にとって共同体感覚を育てるとはどういうことか」と自らに問うて、その人に合った共同体感覚を考えます。クラスに入れずに悩んでいる子どもと非行の子どもでは、共同体感覚のありようは違い、アプローチも変えたほうが良いでしょう。

スクールカウンセリングでは、共同体とは端的に学校や家庭であることが多いでしょう。どうやって共同体に関心を持ち、他者とつながることができるようになるかは、社会に出ていく前の子どもにとって大きな課題です。

さらには、子ども自身の共同体感覚を育てることに加え、学校や学級という子どもにとっての共同体の側の整備というか体制作りも必要です。先に紹介した「クラス会議」という共同体感覚を育てるための興味深い試みがそれに当たります。アドラー心理学以外にもいじめ対策や発達障害児用など、様々なアプローチの学級経営法や心理教育的プログラムが開発されています。ＳＣはそれらを学び、機会があれば実践してみて、子どもが属する共同体がより良くなることに貢献したいものです。

アドラー心理学の理論

アドラー心理学は人間理解、援助のためのいくつかの前提、理論からできています。スクールカウンセリングや教育相談で実践する際にもそれらの理論を頭に入れておく必要があります。主なものを簡単に説明しますが、詳細は拙著『アドラー臨床心理学入門』（共著、アルテ）等を参照してください。また本書では、各章の執筆者が自分なりの解釈や解説を行い、現場で使っている様子を報告しているので、是非参考にしてください。

（1）目的論

「その人（子ども）の行動の原因は何か」、ＳＣはよくこう問われます。それに対して、ＳＣは何らかのアイデア（仮説）をもって説明します。先生や保護者から子どもの行動の理由について問われて「何か答えないと」と追いつめられたような感じを持った経験はありませんか。そういう時、アドラー心理学はすこぶる役立ちます。

人の行動を心理学的に説明するためには、いくつかの視点があります。

一つは、「過去から説明する」。生育歴や家族歴などから、「以前の○○のために今の××が生じた」という説明です。○○には虐待、トラウマ、母子関係、いじめ等々たくさんあり得ます。確かに私たちはみんな過去を背負って生きている実感がありますし、科学的な感じがして、多くの人が説得力を感じます。しかし、最大の難点は、「過ぎ去った過去は戻らない」、したがって失ったものを完全に埋め合わせることはできないことです。

二つ目は「生まれ持った器質（気質）から説明する」です。例えば、遺伝子や脳科学的な原因があって、それが問題の原因であるとする考えです。先天性の疾患や障害が該当しますが、最近の臨床界の中心的トピックの一つ、「発達障害」もこれに当たるかもしれません。知的能力も問題行動や症状と関連づけられることがあります。確かに私たちは生物であり、物理的身体にかなり規定されています。筆者自身は何でも「心の問題」に帰する風潮より、「脳の問題」にする方向性にどちらかというと共鳴するタイプです。また、「気質」と呼ばれる生まれ持った性格傾向のようなものはあるように感じることは多々あります。しかしそれでも環境の影響を無視したり、個人の心理的要因を考えないのは単純化しすぎでしょう。また、現場で脳の働きや遺伝子の様子を臨床家が判断できるわけはありません。結局は科学者たちが言った「一般化された仮説」を受け売りしているにすぎません。クライエントの個々の行動をどこまで説明できるかは疑問が残ります。

三つ目は、「現在の対人関係から説明する」ことです。これは今、ここで起こっていること、あるいは家庭や学校などの現在の対人関係の現場で起こっていることをできるだけ正確に観察し、記述して、問題行動や症状の機能や意味を見つけようとすることです。応用行動分析学や家族療法、システムズ・アプローチなどが相当すると思われます。アドラー心理学でも重視しているところです。実際の観察可能なコミュニケーションを捉えるので、具体的で操作しやすく、科学的といわれても納得できます。難点を言えば、科学性にこだわることで情緒性を無視しすぎて、下手をすると（下手な人は、というべきか）反発を買うことがあることでしょうか。

おそらく多くのSCはこの三つを組み合わせながらケースを考えているのではないでしょうか。ここでもう一つの視点を入れることをアドラー心理学では提案します。

その四つ目は、「その人が目指していること、未来への目標から説明する」ことです。行動は、その人が自己決定した未来イメージ、目標に向かうために使用されているとする考え方で、「目的論」といいます。私たちには、「目指しているもの」があって、それに向かって自分の心身を使っている、という立場です。「目指しているもの」は長期的な人生目標のようなものもあれば、今この場の対人関係で実現したい短期的なものもあるでしょう。人はそれを得るために、心身のさまざまな機能を使って行動します。問題行動や症状もその一つと見ます。アドラー心理学はこの立場で考えます。目的論とはっきりうたっていませんが、解決志向ブリーフセラピーも近い立場のように見えます。この考え方は過去にこだわらず未来志向になり、悪いもの探しより「できること探し」になり、対話が建設的になりやすいという利点があります。難点があるとしたら、一般の人や臨床家の多くは原因論的世界になじんでいるので、いきなり目的論を提示されると「認識論の対立・葛藤」が生じることがあることでしょうか。原因論と目的論、どちらが正しいかを議論する気は筆者にはありませんが、子どもの臨床やスクールカウンセリングでは、目的論からなる未来志向的発想は、まさに未来のある子どもにとっては意義があると思います。

(2) 対人関係論

問題や症状を個人と個人の関係性から考えるのを「対人関係論」といいます。反対に個人の内側、「心の中にあるもの」から説明するのを精神内界論といいます。一般の人の臨床心理学のイメージは、後者にあるかもしれません。

対人関係論では、問題行動や症状は、対人関係上の機能があって現れていることを重視します。「内界」のように思えるものも心として独立して実在しているわけではなく、対人関係のコミュニケーションのつながりの中にある現象です。

スクールカウンセリングの現場では、児童・生徒を取り巻く様々な対人関係を考慮に入れなくてはなりません。家族はもちろん、学校だけでも学級、学年、部活、担任、他の教員たちなど、縦横いくつものレベルの対人関係が生じています。病院や相談機関の臨床では、生活場面での何らかの事態の「後」にクライエントがやってきてそれを伝えてくることが多いと思われますが、スクールカウンセリングでは、事態が起こっている「最中」「直後」に関わることがあるかもしれません。時空間的に近いわけです。そういう現場で考えながら動くには、対人関係論的視点が不可欠です。

（3）認知論

人の見方は十人十色、我々はそれぞれ自分なりのものの見方を持っています。昨今の臨床心理学では「認知」と呼びます。わかりやすい考え方であるとは思いますが、私たちはつい、「人は自分と違うように世界を見ている」ことを忘れてしまうところがあります。「みんな自分と同じ」と思っていたり、「中学生はこう考えるべきだ」みたいな信念を持っていると、他者独自のものの見方に思い至らず、相手との良い関係が築けず、こじれてしまうことがあります。

これは筆者の「偏った認知」かもしれませんが、教師の方々は大抵「普通の人」なので、「変わった人」の特徴や世界観を理解できないことがある気がします。子どもの独自のものの見方をうまく翻訳して、先生たちに伝えるのはSCの仕事と思います。

これも筆者の「偏った認知」に違いありませんが、すべからくSCは、普通の人とは違う視点を持つ「ちょっと変わった人」、「まわりの普通の大人たちとなんか違う人」であるべきと思います。それが問題状況に新たな意味をもたらすかもしれません。そのためにも、常識と少々違うアドラー心理学は役に立ちます。

（4）全体論

人の存在全体を統一体として見る見方です。「人は決して部分に分割できない、全体的存在だ」という考え方で、心と身体、理性と感情、意識と無意識などの一見対立、葛藤していると見えるものも実は、目標に向かって分業していると考えます。これはなじんでくると「ほんとにそうだな」と思えるのですが、最初は抵抗を感じる人もいるかもしれません。何かどこかに原因となる「悪さをするもの」があって、それが症状や問題行動を生じさせていると考える傾向が現代人は強いからです。

アドラー心理学によるスクールカウンセリングでは、「全体論」に「目的論」や「対人関係論」を重ね合わせることで、「問題児」とされた子どもだけに焦点を当てることなく、もっと広い視点から状況を捉えようとします。これも最初はある程度意識的な態度としてやらないと、学校組織の中にいるSCはすぐ近くで展開している問題に目を奪われて、忘れてしまうことがあるかもしれません。また、この視点によって「心の問題」だけでなく、「器質的」「身体的問題」など、アセスメントにおいて心身両面に目配せした柔軟な姿勢を取ることができます。

（5）主体論

「人は主体的な存在であり、自己決定的、創造的、個別的である」とする考え方です。「何が人生を決めるのかという問いに対して、アドラー心理学は、人間は主体的なものだから自分が決めていると答えます。主体性があるので、自分で選び、決め、その責任を取るという人間観」です[18]。

人の主体性を尊重するのは臨床家として当然の気がしますが、これも意識しないと意外と難しい時があります。人は問題の「原因」を、自分でもどうにもできないところ（過去や他者）に帰してしまうところがあります。それが絶対に悪いわけではなく、本人が安心して楽になれるのならそれなりの効用はあるといえます。

しかし、その人が自分の行動を選択し、実行するとき、「自分が選んだ」「自分がやっている」という実感がなければ随分つまらないでしょうし、結局それは続かないでしょう。特にSCのところに来る最も大事なお客様は、子どもです。基本的に子どもは、家庭や学校、社会に守られている分、自分の選択できる範囲は狭められています。現実的には子どもの主体性の発揮は限られています。責任のとれる範囲が限られているからです。しかし主体性を伸ばしていかないと自立にはならないでしょう。

SCは、子どもたちが、自分の主体性を自覚し、発揮するお手伝いをするのが仕事だと思います。その発揮の仕方は、時に周囲にとって好ましく見えないこともあり得ます。そこをどうするかは現場の創意工夫ですが、主体論を頭に入れておくことで、SCの判断の軸はぶれにくくなるかもしれません。

【文献】
（1）エドワード・ホフマン、岸見一郎訳、『アドラーの生涯』、金子書房、二〇〇五年、一六九～一七二頁
（2）（1）一七六～一七八頁
（3）Henry L. Stein, A Clinician's Guide to The Collected Clinical Works of Alfred Adler: A Unified System of Depth Psychotherapy, Philosophy, & Pedagogy（English Edition）, Alfred Adler Institute of Northwestern Washington, 2012.

(4) アルフレッド・アドラー、岩井俊憲訳、『アドラーのケース・セミナー――ライフパターンの心理学』、一光社、二〇〇四年、一九九～二〇一頁
(5) (1) 二八二頁
(6) アン・フーバー他、鈴木義也訳、『初めてのアドラー心理学』、一光社、二〇〇五年、一四一～一四三頁
(7) 星一郎、『面白くてよく分かる! アドラー心理学』、アスペクト、二〇一五年、三〇～三一頁
(8) 赤坂真二、『赤坂版「クラス会議」完全マニュアル――人とつながって生きる子どもを育てる』、ほんの森出版、二〇一四年
(9) 鈴木義也・八巻秀・深沢孝之、『アドラー臨床心理学入門』、アルテ、二〇一五年、一七八～一八〇頁
(10) 岩井俊憲、『アドラー心理学によるリーダーの人間力の育て方』、アルテ、二〇一三年
(11) 岩井俊憲監修、梶野真、『アドラー心理学を深く知る29のキーワード』、祥伝社新書、二〇一五年、一七八～一八〇頁
(12) 岩井俊憲、『アドラー心理学によるカウンセリング・マインドの育て方』、コスモス・ライブラリー、二〇〇六年、一八一頁
(13) 岩井俊憲、『勇気づけの心理学 増補改訂版』、金子書房、二〇一一年、一五三～一七五頁
(14) (13) 六六頁
(15) (9) 一一二～一一三頁
(16) (13) 六七～六八頁
(17) (9) 一一三頁
(18) (9) 七四頁

小学校編

第2章　小学生の「劣等感」を考える

舩木　紫音

「自分に負けたくない」

アドラー心理学というと「劣等感」という概念を思い浮かべる方が多いのではないでしょうか。一般的に使われている劣等感の意味や、Ｅ・Ｈ・エリクソン（以下、エリクソン）の学童期における発達課題で述べられている劣等感[1]と、アドラー心理学の劣等感[2]にはとらえ方に違いがあります。この違いは後ほど説明するとして、ある小学生の劣等感にまつわるエピソードからご紹介します（本章で提示する二つの事例は本筋が変わらない形で手を加えてあります）。

ある日の放課後、小学四年生の女子Ａさんが相談室に他のクラスメイトと一緒に来室し、他の女子たちはそれぞれがおしゃべりしている中で、ぽつりとスクールカウンセラー（以下、ＳＣ）に次のように話し始めました。

「この前、スイミングのテストの時に私は足をついてしまって、それをコーチが知っているか心配」

放課後行っている地域にあるスイミングスクールでの話のようです。彼女は何度か相談室にクラスメイトと来室し、楽しかったことや不満などを自分の言葉で語ることができ、素直で相手の立場になることもできる明るい笑顔が印象的な女子です。

その話をよくよく聞いてみると、「私は同じ四年生なのにほかの人より泳げない」「みんなは次のレベルに行っているのに私だけ進まない」と次のレベルに進んだ同級生らしき名前を数名あげました。そしていかに周りの子が泳げて、自分が泳げないかを話しました。さらに聞いてみると彼女は「家でも自分のベッドの上で練習をしている」というのです。平泳ぎかクロールかわかりませんが、彼女が一生懸命ベッドの上でばたばたと練習している状況が浮かびます。

SC「Aさんは、どうなったらいいなと思うのかな?」

Aさん「私は今より泳げるようになって、他の子みたいに次の段階に行きたいなって思う」

SC「そっかぁ。私はAさんが家でも練習していて本当に驚いた。Aさんは自分だけが上達しないと言っているけれど、すごく努力しているって感じたよ。ということは誰に負けたくないの？同級生？スイミングの皆？それとも何なのかな?」

Aさん「……（数秒考え、いつもの笑顔で）自分に負けたくないっ」

続いて彼女は「今夜も家で練習してみるね」と言い、話題は他に移っていきました。

Aさんは、自宅でも練習していたのですが、それでも上達を実感できず劣等感を持っていました。しかし、自分の上達は他の子と比べるものではなく、自分の目標と自分の問題なのだ、と理解し努力を続けようと思った面接でした。

ここではアドラー心理学の「劣等感」やその支援としての「勇気づけ」を中心に、小学校のスクールカウンセリングにおけるアドラー心理学の活用について考えたいと思います。

小学校時代の特徴とエリクソンの「劣等感」

小学生という時期は、身体・心・知的側面に成長が大きく見られ、活動する場所・内容や人間関係が拡大していく時代です。今まで三メートルしか泳げなかった子どもが何十メートル、何百メートル泳げるようになる体力がつき、知的にも抽象度の高い理解ができるようになります。友達とうまくやっていくために、自分をコントロールすることや協力することを学んでいき、新しい知識やできることが増えてきます。一方、このような変化の激しい小学校時代は、同年代の友人との「差」が生じることで、自分のありように不安を覚える子どももいます。

先述したAさんは、スイミングの同じ年齢の子どもたちとの差に、どうして自分はできないのだろうと落ち込みがちでした。自分の努力や行為がなかなか成果として出てこない時に、人は自分の価値は低いと感じやすくなります。小学校の相談ではこのようなテーマが、友人関係、勉強、行事、諸活動など、多くの場面でエピソードを変えて現れてきます。

先ほど少し触れましたが、エリクソンは学童期の発達課題を「勤勉性対劣等感」と示しています。これは学童期、日本では小学校時代に、学校や地域社会で行われる様々な活動の中で、物事の正しい手続きを身に着け勤勉に努力することを覚え、同世代の仲間とのやり取りの中から道具の使い方、知識、体験を共有することが望ましい、ということです。

その結果、自分にはできるという感覚を持つこと、言い換えると、自分の社会に対する適格性を確認することで、この時期の発達課題を達成していきます。

しかし、勤勉性の獲得に失敗した形となる劣等感についてエリクソンは、

それは本来の自分の力を精一杯出そうとする努力を促すものである。(3)

と生産的な面も唱えていますが、

一方では何かをうまく成し遂げられぬ子どもの活動意欲を（一時的に）麻痺させてしまうこともある。しかしながらこの段階の中核的病理としてみると、劣等性は極めて質の悪い葛藤を内包し、子どもを極端な競争に駆り立てるか、さもなければ退行させることがある。(4)

と、劣等感は不健康な発達の形であることも述べています。

アドラーの劣等感

一方、アドラーは劣等感について次のように定義しています。

劣等感は病気ではない。健康で正常な努力と成長への刺激である。(5)

つまり劣等感は、自分が劣っているというネガティブなものだけではなく、今の自分から理想の自分になれるように今の状況を克服しようとするもので、人間の成功には必要な要素であるとしました。

先ほどのAさんは、今よりもっと泳げるように劣等感を使って自宅のベッドでも水泳の練習をしていました。劣等感を「補償」という行為、つまり何とか適応しようと努力することで、もっと上達したいという「優越性の追求」[6]を目指しました。

しかし、劣等感、優越感が行き過ぎてしまう場合もあります。その状態をアドラー心理学では「劣等コンプレックス」「優越コンプレックス」といいます。エリクソンも劣等感の不健康さを述べていましたが、アドラーも過度な劣等感には治療が必要だと主張しています[7]。

もし、この少女が、泳げないことで劣等コンプレックスに陥るならば、泳ぐための努力をあきらめて体育の授業を仮病で休むかもしれませんし、「今より身長があれば泳ぐことができる」と訴えてくるかも知れません。また、優越コンプレックスは劣等コンプレックスを持った人が困難から逃れるために使う[8]ので「自分は水泳より算数ができる」等と泳げる児童に対して強く主張してくるかもしれません。

アドラーはこの劣等感を克服できないでいる人に対して、

われわれの主な課題はこのような人にためらいの態度をとらないように訓練することである。このような人に対する適切な治療は、勇気づけることであって、勇気をくじくことではない。困難に直面し、人生の問題を解決する能力があると理解してもらわなければならない。これが自信を築く唯一の方法である。[9]

と、勇気づけによる教育を提示しています。

勇気づけ

アドラーは劣等感を克服する方法を「勇気づけ」だとしています。

そもそも「勇気」とはどのようなものでしょうか。辞書には「いさましい意気」「困難や危険を恐れない心」とあります（大辞泉）。一般的に私たちには、不安や緊張する気持ちをふり払いその行為に及ぶという気力、というイメージではないでしょうか。

アドラーは勇気についてどのように考えているのか、『子どもの教育』からその一節を引用します。

個人心理学は、子どもたちに、もっと勇気と自信を与えることで、また、子どもたちに困難は克服できない障害ではなく、それに立ち向かい征服する課題である、とみなすよう教えることで、すべての子どもたちについて、その精神的な能力を刺激する努力をすることを主張します。[10]

このアドラーの勇気について岩井[11]は「困難を克服する努力」と定義しており、辞書的な意味での「勇気」と、アドラーのいう「勇気」は意味づけが違うことがわかります。

またアドラーは自分自身で、「私は自分に価値があると思う時にだけ、勇気を持てる」「そして、私に価値があると思えるのは、私の行動が共同体にとって有益である時だけである」[12]（Adler Speaks）。つまり、自分の行為が共同体（自分の属している学校、家庭、職場、地域等）に貢献したと思えるような体験をすることで、自分に価値を感じ「困難を克服する努力」である勇気が徐々に育っていく、と考えられます。

その勇気をもつための考え方であり方法が「勇気づけ」です。勇気づけについて岸見は、困難に立ち向かっていけるという自信を持つように援助することを意味する。[13]

と述べています。

勇気づけの実際

では、どんな方法をとればよいのでしょうか。まず、臨床の中で印象的だったエピソードをご紹介します。

叔母が主に養育をしている小学校三年生の男子がいました。学校生活で苦手なところがあり、多くの子どもであれば不全感で問題行動が出てくる可能性が高いはずなのですが、彼は苦手な事にも粘り強く取り組む姿勢を持っていました。また、人に接する態度も優しいために周りの児童からも好かれていました。ＳＣはどうしたらこのように前向きになるのだろうかと思っていました。

ある日、その叔母とＳＣで面接をしたことがありました。ＳＣから本人の行為や頑張りに勇気づけの声掛けとして「ありがとう」「嬉しい」「助かる」という言葉をかけるのはどうか、と提案したところ、叔母は「もうそれはいつでも毎日使っています」と言うのです。何か手伝ってくれれば「ありがとう、助かるよ」、自分のものだけではなく叔母の分まで何かしてくれたら「ありがとう、うれしいよ」と今までずっと声をかけてきたそうです。もちろん叔母は字面だけで声をかけていませんでしたし、彼の機嫌を取るつもりはありませんでした。忙しい叔母からすると、彼が手伝ってくれることは本当に助かり、感謝の気持ちを伴った言葉でした。

このような積み重ねがあった為、彼の中には自分の苦手さから逃げずに向き合う「困難を克服する努力」が育っていたのだと思うと、叔母の関わりに素直に尊敬の念を持ちました。

このエピソードと実践について考えてみます。

「勇気づけ」を臨床実践に活用していく際の条件を八巻は以下のように述べています。(14)

臨床の場で永続的な「勇気づけ」を行っていく際に求められているのは、単なるスキル・レベルだけではなく、それら臨床的な「技術」「理論」「思想」の3つのレベルを包括した考え方と振る舞い方を実践していくことです。これを「勇気づけスタンス」と呼ぶことにします。カウンセラーとして「勇気づけ」を学び、体得・使用して使っていくためには、「勇気づけスタンス」を意識して振る舞っていくことが必要なのではないかと思います。

この叔母の関わりは、「技術（声かけ）」「理論（横の関係）」「思想（共同体感覚）」という3つのレベルを満たしているように思います。

まず、「技術レベル」に関しては、勇気づけの基本的な言葉として、次の三つの言葉があります。

「ありがとう」「嬉しい」「助かる」

人は感謝をされると、「自分に価値があると思う時にだけ勇気を持てる」状態になり、やる気が出てきます。

ただ、こういった言葉は発する方として恥ずかしさを伴う場合があります。面接場面においても「私に言えるかしら」とためらいの言葉を漏らす母親が多くいます。確かに私たち支援者側も気恥ずかしい思いを持つかもしれませんが、変化を起こすためには行動が必要です。私たちも日々の生活の中で「ありがとう」「嬉しい」「助かる」と実際に声に出していくことで、面接場面に役立てられると考えています。

次に、「理論レベル」についてですが、アドラー心理学において人間関係は「横の関係（人間は対等である）」が望ましい姿だと考えています。[15]

「縦の関係（主従関係）」であれば、評価する人間とされる人間の垂直的な構図が生じてきます。縦の関係から劣等感は生まれるために[16]劣等感を勇気づけで援助していく方法をとるアドラー心理学においては、横の関係の重要さがわかります。この事例の叔母は、一緒に暮らす家族が、横の関係である協力者として接していたのではないでしょうか。

最後に「思想レベル」について。「共同体感覚」という思想がアドラー心理学の鍵概念です。共同体感覚について岸見は、

　他者を仲間だとみなし、そこに「自分の居場所」があると感じられること

と述べています。[17]

アドラー心理学の勇気づけは、共同体感覚の方向に勇気づける、という考え方です。そこにアドラー心理学の思想があります。叔母は、家庭という共同体において、彼の貢献したことに心から感謝し伝えました。その行為により彼は自分の価値を感じたのだと思います。

この事例で特筆すべきは、この関わりが、「日々の積み重ね」や「蓄積の結果」である、という事

は何度述べても十分すぎることはありません。

もう一つここで付け加えたい点は、この事例が「劣等感を勇気づけで乗り越え勤勉性を獲得しつつある事例」だということです。

エリクソンやアドラーは劣等感についてそれぞれの立場をとっていますが、共通していることは、健康な発達の為に劣等感を重要視している事です。その劣等感をどう乗り越えて勤勉性を身に着けるか、そのかかわり方は様々かもしれませんが、この事例からは「勇気づけ」の継続がいかに子どもの人格形成に有用であるかを教えていただきました。

ここまでは、小四の女子や小三男子の事例を見てきましたが、どちらもSCが大きく支援したわけでもなく、こちらがそのありように勇気づけられ、劣等感の意味や勇気づけがいかに小学校時代の発達に大きく影響しているかを深く考えさせられた事例でした。

小学校SCとアドラー心理学実践

SC活動についても述べたいと思います。

まず、ある高校SCが小学校SCに期待することを述べています(18)。そこには次の二点が述べられていました。

①「安心感」と「自信」を育むことへの支援。理由としては、現代社会が失敗を挽回できるチャンスが少ないため、失敗自体が許される環境ではなくなっている。小学生の挫折体験に寄り添う事で、失敗しても大丈夫なんだ、という安心感と、そこから支えられる体験から自信をつけてほしい。そういう支援をしてほしい、といった内容です。

②「規範意識」と「基礎学力」を育むことへの支援。理由としては、規範意識が欠けていると感じることが多いこと、相談室来室者には勉強不足であることへの後悔が多く聞かれるため、だからです。

これらを読んで感じたのは、小学校時代に身に着けてほしい「安心感」「自信」「規範意識」「基礎学力」は、これまで述べてきた勤勉性や劣等感と、そこからくる自らの適格さや共同体感覚の実感とつながっていることです。改めて、小学校時代は社会生活の基礎を学び獲得していく時期であり、大人になってからの社会人としての働き方にこの時期が大きく関係していることがわかります。[19]

このことから、小学校ＳＣは先々の成長や生活を視野に入れた支援が重要だとわかります。その際に「勇気づけ」が有用であることは言うまでもありません。

さて、ＳＣの方向性は理解できたのですが、実際の臨床現場においては迷いもあります。

面談の際に母親が疲れきっている場合「うちの子はどこも褒めるところなんて見当たりません」と語ることがあります。大人は子どもの行動が全て百点だった時に認める傾向にありますので子どもが適切な行動をしなければ、褒める気分にもならないのは無理もありません。私は、ケースに応じて応用行動分析的なアプローチが必要であれば、正しい行動の「芽生え」が出てきた際に、例えば、勇気づけの三つの基本的な言葉「ありがとう」「嬉しい」「助かる」の声掛けを提案しています。特にこの言葉でなくてもいいのですが、縦の関係よりは横の関係であることで、より内発的動機付けにつながりやすいのではないか、という理由からです。

子どもとしては親からの賞賛が強化子になることがほとんどですから、その行動が定着され結果として社会生活のスキルになればよいのです。[20]しかし単なる強化子として勇気づけを活用することに、本来のアドラー心理学が目指すものとは違う方向に行っているような気がしてならない時があります。アドラーは個人の目標という見方を考慮に入れていない行動主義の「条件づけ」や「反応」に同意できない[21]としているからです。

アドラー心理学は子どもをとりまく学校臨床に非常に有効なことが多いため、技法単体のこともあれば、他の技法と一緒に提案することも多いのが現状です。柔軟な対応と言えば聞こえはよいのですが、支援方法の選択にはその根拠も理解したうえでの実践が大切[22]であると考えています。このあたりは、今後仲間同士で話し合っていく必要があると思っています。

最後に、アドラー心理学を大人だけではなくもっと小学生にも知ってもらいたいと考えています。大人には、人間関係のマニュアル本や「○○の心理学」など、生き方やスキルの本がたくさん出ています。子どもたちは学校という集団生活を中心に、親や教師、友達、教科学習、テレビ、様々な方法から生きていく術を身に着けていきます。それらはとても大切なことなのですが、その中の一つに、小学生向けの心理学本がもっとたくさんあってもよいのではないか、と思っています。

保健室では心と体の本を読んでいる児童を見かけます。子どもは特に友人関係が大きな悩みの種ですので、友人関係の改善は「心」についての興味を刺激するものがあります。彼らにはすでに人間関係のしくみや、自分についての知識を吸収していく準備ができているように思います。そういった中で、アドラー心理学は大人だけのものではなく、子ども自身が自分の頭で知識と格闘する機会があってもよいのではないかと思います。

今後、「小学生のためのアドラー心理学」なるものが更に増えることを願いつつ、ＳＣとして現場においてもアドラー心理学の話をしていきたいと思います。

【文献】

（1）Ｅ・Ｈ・エリクソン、Ｅ・Ｍ・エリクソン、村瀬孝雄・近藤邦夫訳、『ライフサイクル、その完結』、みすず書房、二〇一三年、一〇一頁
（2）アルフレッド・アドラー、岸見一郎訳、『個人心理学講義』、アルテ、二〇一四年、四五頁
（3）（1）一〇一頁
（4）（1）一〇一頁
（5）（2）四五頁
（6）八巻秀、『アドラー心理学――人生を変える思考スイッチの切り替え方』、ナツメ社、二〇一五年、二一四頁
（7）（2）四三頁
（8）（2）四五頁
（9）（2）三九頁
（10）アルフレッド・アドラー、岸見一郎訳、『子どもの教育』、アルテ、二〇一四年、二〇一頁
（11）岩井俊憲、『勇気づけの心理学』、金子書房、二〇〇七年、五頁
（12）岸見一郎、『アドラー人生を生き抜く心理学』、ＮＨＫブックス、二〇一五年、一七六頁、一八六頁
（13）（2）二八六頁
（14）鈴木義也・八巻秀・深沢孝之、『アドラー臨床心理学入門』、アルテ、二〇一五年、一〇三頁
（15）岸見一郎・古賀史健、『嫌われる勇気』、ダイヤモンド社、二〇一五年、一九八頁

(16)(15)一九九頁
(17)(15)一七九頁
(18)林幹夫、「高校のSCとして小学校のSCに期待すること」、(吉田克彦・若島孔文編著、『小学校スクールカウンセリング入門』)、金子書房、二〇〇八年、一五八～一五九頁
(19)佐々木正美、『あなたは人生に感謝ができますか?』、講談社、二〇一四年、一六七頁
(20)山本淳一・池田聡子、『応用行動分析で特別支援教育が変わる』、図書文化、二〇一二年、一三～一四頁
(21)(2)二五頁
(22)村井俊哉、「精神医学における多元主義とは」、(村井俊哉著、『精神医学を視る「方法」』)、二〇一四年、日本評論社、八九～一〇八頁

第3章　小学校スクールカウンセラー初任者のアドラー心理学実践報告

山口　麻美

スクールカウンセラー初任者とアドラー心理学

どなたでも、スクールカウンセラー（以下、ＳＣ）としての初年度があります。筆者の場合は、昨年度（平成二十六年度）がそうでした。しかも、臨床心理士としても二年目でした。ご経験豊富なＳＣの方々は比較的古い記憶から、近年ＳＣになられた方々は比較的新しい記憶から、そして、これからＳＣを目指す方々は周りの方々から聞いた話などから、初任者ＳＣとして初めて小学校現場で勤務することを想像してみてください。初めてＳＣとなった臨床経験の浅い筆者が、初めて配置された小学校で、どれだけ緊張し、右も左も分からない小学校文化の中でオロオロして、迷う事も悩む事も多く、心細かったことか、と。ですが、幸いにも、筆者には、そんな時に拠り所となるＳＣ仲間、臨床心理士仲間、そしてアドラー心理学を学ぶ仲間がありました。そのおかげで、配置された小学校の教職員の方々と協力しながら、現在も、何とかＳＣの勤めを果たしております。

ちなみに、筆者は、現在、アドラー心理学を学び始めてからも、まだ五年目で、アドラー心理学を学ばれている諸先輩方に比べるとまだまだ未熟者です。それでも、アドラー心理学はＳＣ現場で活かせると実感しております。ＳＣ経験二年目の筆者に、ＳＣとアドラー心理学について、何が書けるのか、と不安でしたが、そんな筆者だからこそ、伝えられる内容があるはず……と、ここはアドラー心理学の「使用の心理学」（後述で説明）の発想で、ポジティブに視点を切り替えて、小学校ＳＣ初任者に起こりがちなことと、そんな時にアドラー心理学をどのように活用しているのかについてご報告いたします。

昨年度、筆者は、ＳＣ初年度ということもあり、ＳＣ初級者向けのいくつかの研修会に出席しました。それらの研修会では、ＳＣ勤務に当たって必要だと思われる事柄を多岐にわたって教えて頂きましたが、特に、学校現場でＳＣとして受け入れられるための信頼関係作り、アセスメント、問題対処についての内容が多かったように感じています。皆様、ご存じの通り、これら三つは、ＳＣ活動に当たって、重要なプロセスです。

ご参考までにアドラー派のカウンセリングのプロセスがどのようになっているのかについてご紹介しましょう。使用される言葉は表現者によって異なるのですが、基本は四段階、①クライエントとカウンセラーの良い関係、②クライエントのライフスタイルの発見、③クライエントが自身の誤りを洞察すること、④新しい人生への再方向づけ、と言われています[1]。筆者の勤務が小学校なので、アドラー派のプレイセラピーのプロセスも参考にしてみます。コットマンによると、アドラー派のプレイセラピーは、第一期：平等な関係をつくる、第二期：子どものライフスタイルを探る、第三期：子どもが自分のライフスタイルについて洞察を得ることを援助する、第四期：再方向付け／再教育です[2]。対象が大人であっても、子どもであっても、基本のプロセスが変化しないことがお分かり頂けると思います。他の学派のカウンセリングプロセスもそうかもしれませんが、アドラー派のプロセスが、上述のＳＣ研修会で学んだプロセスとも上手く重なりあいますのでとても理解しやすいです。第一期が信頼関係作り、第二期がアセスメント（ライフスタイルについては後で説明します）、第三、四期が問題対処に当たります。ここで取り上げた三つのプロセスで、筆者なりに、アドラー心理学の理論、考え方を実践しております。全てを詳しくご報告するには紙面が限られていますので、それぞれのプロセスの中で特にお伝えしたいアドラー心理学的実践を中心にご報告します。

信頼関係を築くためのアドラー心理学実践

あるSC研修会では、「SCとしての心構え」としていくつかの点が挙げられていました。その中に、学校生活においては、主役は児童・生徒と教職員である。従って、SCは黒子であることを心がけなさい、というものがありました。また、相談室をクリニックにしないように、というものもありました。筆者は、大学院時代の授業で、田嶌の著書『現実に介入しつつ心に関わる――多面的援助アプローチと臨床の知恵』(3)を学びました。その本で、学校現場でカウンセラーは密室に閉じこもっていてはだめだ、密室の外に出てとにかく動きなさい、と学んだことをすぐに思い出しました。これらはとても大切なことだと思い、研修以来、常にこころに留めて置くようにしています。

小学校では、特に児童・教職員が学校の主役であることを忘れないことが大切だと思われます。アドラー心理学でも「主体論」「自己決定性」の考え方があり、人間は、自分自身の運命の主人公、と考えています(4)。ですから、SCは、児童や教職員それぞれが、主人公として充実した学校生活を送れるように、お手伝いする脇役、黒子であると考えれば良いのです。コットマンも「アドラー派のプレイセラピストは、クライアントの創造的な決定をする能力を信頼しています。それを基礎にして、子ども、親、教師とワークをするのです」と語っています(5)。初任者SCだと、うっかりそれを忘れて、何かをしなければ、と無我夢中に動いてしまうかもしれません。学校で出会う人とどう接すればよいのか迷った時には、筆者は、人間は、自分自身の運命の主人公、という考え方を思い出し、自分がどのように振る舞うべきかを考えます。

筆者がSC初任者であった時、始めの一、二ヶ月は、具体的な相談はあまりありませんでした。年度当初は、教職員の方々もお忙しいですし、事前情報があったとしても、SCはどんな児童がいるのか、具体的には理解していません。具体的な相談がないと、SC初任者だったら、「相談面接以外の仕事って、一体、何をすれば良いのだろう？ 具体的な相談がないのに、ここにいる意味があるのだろうか？」と不安になってしまうかもしれません。でも、筆者は、こんな時期こそ、SC研修会でも重要なこととして学んだ、主役である児童、教職員、そして保護者との信頼関係作り、黒子体制作りの絶好の機会と捉えてみました。

先ほども述べましたが、アドラー心理学には、「使用の心理学」という考えがあります。簡単に言うと、持っているものより、今あるものをどう活かすのか、に重点を置く考え方です。遺伝的要素や身体的な特徴に関してもそうですが、自分の性格的な特徴に関しても、「短所と思っていた特徴を、どのように長所に置きかえられるか[6]」ということです。さらには、個人の特性についてだけではなく、今現在、自分が置かれた状況についても、広げて考えてみることができます。筆者の場合には、〝初任者ということでドキドキしている〟短所がありました。

信頼関係作りをする時に、初任者SCだと、「なんとか信頼して貰わなくては」と肩に力が入り過ぎてしまうかもしれません。前年度のSCと児童、教職員、保護者の方々が良い信頼関係を築いた後に、後任として着任する初任者SCにとっては、新たに信頼関係作りをすることは、なかなか大変かもしれません。実は、筆者の場合もそうでした。そんな時、前任者のSCに負けない様に、と言う気持ちが働くかもしれませんし、自分の持てる知識を一生懸命に披露、駆使して、それなりにできるSCを演出したくなるかもしれません。もちろん、自分に足らないものを、身につける努力も必要でしょうが、背伸びをせずに、今できることを精一杯やる方が、信頼につながるのではないでしょうか。筆者の場合、地道に、今できることをやりながら、「私は、主役を陰ながらささえる黒子です」という姿勢をアドラー心理学流にやっていたら、徐々に信頼関係が築けて、具体的な相談も増えてきました。

では、具体的な実践をご報告します。〝初任者〟を考えて、初任者というのは、今しか持っていない特徴ですから、それを上手く使ってみようと思いました。開き直って「SCもこの学校も初めてなので、色々と教えてください」という態度で臨みました。初任者だったら、勤務校の管理職、教職員の方々、更には自治体の関連機関などに分からないことを正直にたずねて、教えてもらうこともできます。これは、数年経ったら、できにくくなってしまいますので、今がチャンスです。更に、〝ドキドキしている〟を考えてみました。筆者は、「初めての場所、人にはとても緊張しやすい性質」を持っています。授業観察をする際、今でも、初めての教室に入っていく時は、ドキドキしてかなり遠慮がちに入っていています。それを隠さずにいることは、今思うと、無理して堂々と教室に入っていくよりも、かえって良かったのかもしれません。そんな、ちょっとオドオドした様子で、こっそり教室に入ってくるSCを、個性豊かな子ども達は、たいがい見逃さないこともだんだん分かってきました。

自分に対して「使用の心理学」を実践したら、児童、教員の方々、保護者の方々と信頼関係を築く際に、相手にも同じように実践することが大切です。この「使用の心理学」の視点で、授業観察したり、お話ししたりしよう、という思いを持って臨もうと心がけています。例えば、自分にはちっとも良いところがないと思っている児童、初めて着任されて学級経営に悩まれている先生、自分の子どもと上手く関われないと悩まれる保護者などに出会った時も、同じように、まずは、その人が、今、持っているものを活かせるような働きかけをしよう、と心がけて臨めば良いのだと思っています。

小学校現場でのアセスメントとアドラー心理学のライフスタイル

ＳＣにはアセスメントが欠かせないといわれています。ＳＣ初級者向け研修会では、必ず、アセスメント力の必要性についての内容があります。アセスメント力をつけるにはどうすればよいか、どのような視点からアセスメントをするか、アセスメント法など、複数の先生が複数の角度から教えてくださいました。おかげで、筆者はアセスメントがＳＣ活動で大切だという認識が生まれました。しかし、ＳＣ経験者に対する調査から、ＳＣはアセスメントに対して意識が向きにくいという報告があるそうです。初心者向け研修会で、アセスメントの大切さについての内容があったのは、このためなのかと思いました。アセスメントへ意識が向きにくい可能性として、柴田は次のような理由を挙げています。

（1）アセスメントは心理検査を用いた査定と考えている
（2）クライエントを中心とした事柄（成育歴など）のみの見立てと考えている
（3）学校全体を視野に入れるのが困難である
（4）自らが一要素として学校に存在していることの自覚がない（少ない）
（5）一度立てた仮説を修正する試みができにくい(7)

アセスメントをするように、と言われると、初任者ＳＣは困ってしまうかもしれません。「一体、何をどう見ればアセスメントになるのか？」「問題を抱えているその子の状態をアセスメントすれば良いのでは？」と考えがちかもしれません。アセスメントというと、確かに心理検査がすぐに思いつきますが、アセスメント材料・方法は、検査だけではありません。では、一体何を手掛かりにアセスメントすれば良いのでしょう。また、アセスメントの重要性を忘れないためには、どのような心構えでいたらよいのでしょうか？

アドラー心理学では、「ライフスタイル」の理論があります。アドラー心理学のアセスメントの主な要素は、人のライフスタイルのアセスメントをすることです。ライフスタイルを簡単に説明します。アドラーは、人間は、将来の目標に向かって運動するものだと考えました。どんな目標を持つのか、その目標に向かってどのように運動するのか、その運動の指針、ガイドラインとなるものをライフスタイルと呼びました。人の思考・行動・感情のスタイルの総称とも言えますし、自己、他者、世界に関する理想と考え(8)、とも言えます。アドラー自身は「考えは人の世界像の根本にあり、思考、感情、意志、行動を決定するということは、明らかである(9)」と述べています。またライフスタイルの形成に関しては、次の様に述べています。

「かくて、誰もが自分自身と人生の課題についての「考え」——人生の線、運動法則——を持っているという結論に到達する。（中略）この運動法則は、子ども時代の狭い範囲で起こり、制限をあまり受けない選択の中で、より自由で、生まれつきの力やその世界の影響を数学的に定式化されない行動によって制限して利用することで発達する(10)」

また、ライフスタイルに関して、アドラーの弟子であったドライカースは、次の様に述べています。

「子どもは誕生と同時に未知の世界と出会い、これから学ばなくてはならない生活習慣と出会います。とりわけ生きていくのに必要な機能を働かせ、人生のタスクを果たすために人間社会のルールを学ばなければなりません。最初、子どもは自分の限定された環境、すなわちその子の家族の中の人間社会だけを見ています。子どもにとって、この環境が「人生」を意味し、家族のメンバーが「社会」であるように見え、子どもはそれに自分を適応させようとします[11]」

現代のアドラー心理学では、ライフスタイルの原型は一〇歳までに作られるといわれています。まさに、小学校時代に作られるわけです。アドラーはもっと幼少のころに形成されると考えていたようです。ドライカースは、「四歳から六歳までに一定の性格を形作る[12]」と述べています。ドライカースの考えに従えば、小学校は、自分の家族という人間社会の中で作られたライフスタイルで臨む、家族以外の人間社会ということになります。現代社会では、小学校以前に、保育園、幼稚園などで過ごしている子どもがほとんどですが、自分の業績が評価される社会は小学校がほぼ初めてでしょうから、そこで、その子なりに、どのようなルールを学ぶのか、それにどのように自分を適応させようとするのか、子どものライフスタイル形成にとって、とても大きな意味があると思われます。今後ＳＣを続けて行く中で、ライフスタイルの形成過程にあると思われる子ども達のライフスタイルについて探求を深めることは、今後の重要な課題ではないかと思っています。

アドラー心理学的アセスメントの実践

前述のライフスタイルの概念を念頭に置きつつ、小学校で相談対象児童をアドラー心理学的にアセスメントするためのポイントを二つ上げます。まず、第一は、集めるべき情報について、そして、第二には、集めた情報をどのようにまとめるかについてです。

第一の集めるべき情報についてですが、これは実に様々あります。まずは、相談対象児童（クライエント）を中心にした事柄です。アドラー心理学でいう「家族布値」＝家族構成や、出生順位、きょうだい関係などは必須条件です。でも、これだけではありません。先述のSCがアセスメントへ意識が向きにくい理由の（1）、（2）にもありましたが、初任者SCだと「○○さんの心理検査の結果も分かったし、○○さん自身についての情報も聞いたから、○○さんのことは充分にアセスメントした」と大した観察や関わりもせずに、集めた検査や成育歴的な情報からのみでアセスメントが終わったつもりになってしまうかもしれません。しかし、アドラー心理学では、人の行動からの情報を大切にします。人が、目標に向かって運動するものであることは先に述べました。そのための指針がライフスタイルなので、逆から考えれば、運動、つまり人の言動を観察すれば、そこにライフスタイルが反映されることになります。ですから、アセスメントする際には、児童の言動をよく観察することが必要不可欠なのです。では、どんな言動をよく観察したら良いでしょうか。アドラー心理学には「対人関係論」の理論があります。アドラーは、「人のあらゆる問題は、結局のところ、対人関係の問題である」と考えました[13]。ですから、何と言っても、対人関係で現れる言動を観察することが特に大切です。八巻は、アドラー心理学において対人関係を理解するのに大切な要素として、①自分、②相手、③相手と自分の関係性、④環境の四つを挙げています[14]。ですから、この視点で、対人関係に現れる言動を観察する必要があります。先程、ＳＣがアセスメントへ意識が向きにくい理由として挙げられていた、（2）、（3）、（4）に関しては、対人関係を理解するのに大切なこれら四つの視点を持てば、クライエントを中心とした事柄のみ見立てと考えることは避けられます。行動の相手はどんな人物なのか、対象児童と相手の関係性はどうなのか、そしてその人間関係が生じている環境＝場、つまりクラスや学校はどんな所なのか、が大切だということです。対象児童の行動の相手（時にはＳＣ自身のこともあります）についてもアセスメントしますし、クラスや学校についてのアセスメントも当然必要になってきます。つまり、学校にある多くの情報と観察から、対象児童、対象児童をとりまく他の児童、教職員、保護者、そして時には、学校全体の「ライフスタイル」の仮説を、創り上げて行くことが必要だということです。前述した田嶌の著書でも「組織全体を一つの事例として見る」視点の重要さについて述べられています。[15] 学校にはライフスタイルにつながる情報がたくさんあります。ある児童のライフスタイルを考えようとする時、授業中の様子、休み時間の様子、作文や観察などの掲示物、専科の作品、給食中の様子、持ち物、身につけているものなど、ほとんど全てのものは貴重な情報源になります。学級担任の先生を始め、教職員の方々からも児童についてのお話をお聞きしますし、「○○さんて、こんな人かしら？」と、一緒に仮説を考えることもあります。児童に関しては、初任者ＳＣより、教職員の方々の方がよっぽど詳しいですから、積極的に教職員の方々の意見も聞きながら、児童のライフスタイルを、パズルを組み立てるように作って行きます。教職員の方々と話すことで、教職員の方々のライフスタイルも見えてきます。保護者が面談にきてくれたら、保護者からのお話も当然参考にしますし、保護者のライフスタイルも組み立てて行きます。

補足ですが、通常、アドラー心理学では、ライフスタイルを探求する手段として、「早期回想」という手段を用います。「早期回想」は、一〇歳位までの思い出話をしてもらうのですが、思い出の語られ方に、その人物の、現在の物事の捉え方の特徴が反映されると考えています。筆者は、臨床現場で、大人に対しては、この「早期回想」を実施していますが、小学生に実施したことは、まだありません。小学生における「早期回想」を実施されている方もいらっしゃるかと思いますが、筆者自身も小学生における「早期回想」がどのようなものであるか、今後、実践してみたいと思っています。

　では、次に、第二点目の、集めた情報をどのようにまとめるか、についてお話します。前述では、組み立てる、と表現しましたが、この組み立て作業の際に大切な、アドラー心理学の理論、考え方のうち、筆者が、特に、大切であると考えている、「全体論」と「目的論」の理論についてご報告します。

　アドラー心理学の「全体論」では、個人は、「分割できない一つの全体である」[16]のです。ですから、あたまと、こころとからだは全体で一つですし、意識と無意識も相反するものではなくて、全体として一つのものと考えます。このことをアセスメントにおける情報の組み立て作業に活かすと、一見、矛盾しているような行動も、全体論的な視野で見るとどうなるか、を考えることができます。また、ある出来事が起こると、その一つの出来事に囚われて、それに関わった方々を判断しがちになります。しかし、そうではなく、その人全体を見た時に、ある出来事を、どのように捉えることができるか、という視点が持てることが大切だと思われます。

　そして、アドラー心理学の「目的論」では、「人が目的に沿って行動している」[17]と考えるので、人間の全ての言動には目的があると考えます。言動を観察している時に、原因論で一つ一つのことを観察していると、行動は、時に、何の法則もなく、矛盾だらけに見えるかも知れません。一方、「一体、行動の目的はなんなのだろう?」「一体、本当は何がしたかったのだろう?」と頭の中で、目的論的に問い続けながら観察することで、一見ばらばらに思える言動が、全体として、一つのまとまりとして、見えやすくなります。〝落ち着きがない〟、〝衝動的な行動をしやすい〟と言われている児童を観察することを例に挙げて考えてみましょう。原因論的な観察では、落ち着かない原因や衝動的に行動してしまう原因探しで終わってしまい、小学校現場だとその原因を取り除けないこともあります。観察から、他児童の発表がきっかけで、対象児童もつい話してしまうという因果関係が分かっても、他児童に発表しないように、と促す働きかけは、かなり難しいと思われます。一方、目的論的な観察をすると、「どうも自分の意見も聞いて欲しくて、つい話してしまうようです。自分の意見も周りに受け入れて欲しいのですかね」と言う仮説を伝えられます（筆者は、教職員や保護者に仮説を伝える際には、こんな仮説どう思いますか？と投げかけて、主体的に、一緒に考えてもらうようにしています）。また、筆者の経験から、目的論的な視点で児童の言動を見ようとすると、一見、突飛と思われる言動自体に、過剰に振り回されることが少なくなると感じています。また、ここでは詳述しませんが、ご参考までに、アドラー心理学では、不適切な行動を四つに大別し、それぞれに行動の目的、および基本の対処法が考えられています。[18]

このように、「全体論」、「目的論」を用いて、集めたたくさんの情報をまとめようとすると、仮説は一つではなく、いくつも立てることができるでしょう。そもそも、仮説は最初から一つに絞る必要はありません。アドラー心理学を学んでいる時にも、SC初級者向け研修会に参加した時にも、仮説はできるだけたくさん立てられた方が良いと教わりました。そして、たくさんの仮説から、さらに観察をして、当てはまる仮説は何かを、学校現場で見極めることが重要だと習いました。そうすることで、前述のSCがアセスメントへ意識が向かない理由で挙げられた（5）の危険性を減らすことができます。仮説を立てては、現実に沿って修正し、更にこれを繰り返すことで、より当てはまる仮説に仕上げて行くという過程が重要です。初任者ＳＣだと、相談内容に対して、できるだけ早く、何らかのきちんとした答えを出さなくてはと思い、その思いが却って見立てを急がせてしまうかもしれません。でも、この試行錯誤のプロセスから生まれるもの、例えば、信頼関係や新たな洞察などがある、とある程度の覚悟をして臨みたいものです。筆者は、人のライフスタイルをすぐに理解できるほど、経験巧みではないので、「この人のライフスタイルはこうである」と早々に判断していません。緊急対応時には、ある程度の仮説で対応することもあるので、臨機応変さも求められますが、無理せず、ライフスタイルをじっくり考えて行くことが幸いすることもあります。子どものアセスメントと関連して、筆者は、次のような体験を何度かしたことがあります。

保護者の方が児童の相談にいらっしゃいました。児童のいろんなエピソードを話されて、自分の子どもが良く分からない、とおっしゃいます。相談の最後に、筆者は、「私にもまだよく分かりません。良かったら、時間をかけて〇〇さんの学校での様子を見させてください」と正直に伝えました。なぜなら、筆者は、本当にその児童のことが、まだ、よくは分からないからです。そうお答えすると、少し安心したように見えた保護者の方がいらっしゃいました。初めは、そのように見えたのが、何故なのかが良く分かりませんでした。初任者ＳＣである筆者は、頼りないＳＣだ、と思われるのではないか、と少々不安になりながらも、正直に伝えていたのです。後で、考えて思ったことは、何年も大切に育ててきたわが子に対して、たった数回しかその子の様子を見ていない初任者ＳＣに、「〇〇さんは、こういう子ですね。こういう事が問題ですね。だから、こうしたら良いでしょう」などと、あたかもよく分かった様な事を言われたら、保護者の方々の中には、そんな短時間で、一体、何が分かるのか、と違和感を持ったり、時には、腹立たしく感じたりする方もいらっしゃるのかも知れない、ということでした。

問題対処におけるアドラー心理学実践

問題対処のプロセスにおけるアドラー心理学の実践について、簡単にご報告します。初任者SCだと、こんなことがあるかもしれません。問題解決の際に、自分は黒子であろうと思ったのだけれど、ついつい、自分が何かをしなければと思い、焦って、肩に力が入り過ぎてしまい、気がついたら、一人で空周りして、問題対処どころか、こじれてしまい、何だか余計に問題が増えてしまったような気がする……。初任者SCであった筆者にとって、そんな事態に陥りそうになった時、支えとなったアドラー心理学の理論、考え方はいくつかありましたが、その中から、「不完全である勇気」と「課題の分離」についてお話します。

アドラー心理学の教えには、「不完全である勇気」という教えがあります。先ほどの「使用の心理学」にも通ずるところですが、「不完全である勇気」とは、今の自分をそのまま受け入れる勇気を持つということです。初任者SCとして経験が限られている中、自分にできることと、できないことを〝勇気を持って〞自覚することです。これは、「不完全だからできません」と言い訳することとは違います。不完全で、失敗するかもしれないけれど、今の自分にできることに挑戦する姿勢が大切なのです。梶野[19]は、これについて、「不完全である勇気」と「完全になろうとする勇気」は表裏一体と表現しています。この「不完全である勇気」の大切さは、カウンセラーとしての大切な事項を挙げている、村瀬の次の引用にも通ずると思われます。

「2番目に大事なことは、自分に正直になることで、今の自分の器、目的、置かれた場所や時間の特質、自分の位置付けをクリアに自覚しておりますと、判断に迷うようなことがあっても現実的な基準が見えてくる。いつも正直に自分の器を把握していることが大きくぶれないための基本ではないかと思います[20]」

「不完全である勇気」を持って、今の自分に正直になり、臨床現場に臨むことで、現実的な基準が見え、大きくぶれることを避けることができるのだと思われます。

そして、もう一つ、「課題の分離」についてです。「課題の分離」はアドラー心理学オリジナルの考え方ではありませんが、アドラー心理学における大切な考え方の一つです[21]。岩井は、ラインホールド・ニーバーの「平静の祈り」(「ニーバーの祈り」)

「神よ、私にお与えください
変えることのできないものを受け入れる平静な心を
変えることのできるものを変える勇気を
そしてそれらを見分けるための知恵を」（日本語訳　中村佐知©二〇〇二）

を取り上げ、これら三つがセットになっていることに注目するべきであると述べています[22]。アドラー心理学が大切にする「課題の分離」の考え方は、これに通ずるものです。問題が生じて、対処に困った時には、今、起こっている問題は、そもそも誰の問題か、問題の責任は誰にあるのかという視点から、「自分の課題」と「相手の課題」を分けることを考えます。その上で、問題に対処するために、複数人の関係者が協力して「共同の課題」として、解決するためにはどうしたら良いのか、を考えます。ここで大切な基本的考えは、「自分の課題」は、協力してはもらっても自分で解決すること、そして、「相手の課題」には、協力しても踏み込まないこと、です。「課題の分離」を、前述の「平静の祈り」になぞってみると、「変えることのできないこと」は「相手の課題」、「変えることのできるもの」は「自分の課題」、そして、「それらを見分ける知恵」は「課題の分離」と考えられるのではないかと思います。極端な考え方かもしれませんが、そもそも学校で起こっている問題は、SC自身の問題ではないことがほとんどです。ですから、SCは問題解決のために協力しても、SC自身が先頭に立って解決しては、当人のためにならないのです。「課題の分離」の考えは、学校では、児童・生徒、教職員が主役であり、SCは黒子である、というSCのあり方についてもつながる考え方だと思われます。そして、一つ一つの問題に対して、主体的に問題解決に取り組むべき人は、主役である児童・生徒・教職員のうち、一体誰なのか、を考える事ができます。また、「課題の分離」の考え方は、SCを含め、問題解決に協力した方々が、いくら尽力しても、どうにも変らない事態に直面した時に、「変えることのできないものを受け入れる平静な心」を可能にしてくれると思われます。変えることができないもの、それを「自分のせいだ」と背負いこみ過ぎないこと、これは初任者SCが学校現場で仕事を続けるにあたり、支えとなる考え方だと感じています。筆者も、自分なりに尽力してもどうにもならず、力が足りない……と、初任者SCの無力感を持ち、落ち込んだ時には、この考えを自分自身に言い聞かせています。こちらの提案を相手が受け入れなくても、それに対して腹を立てたり、自分がいけなかったのだ、と過剰に責任を感じたりすることは、「相手の課題」を不必要に「自分の課題」として扱っていることになります。そして、自分に変えられないことをいつまでも悩むよりは、その他に自分に変えられることはないのか、を考える方がよほど建設的だと思考を切り替え、行動することにしています。

全てのプロセスで支えとなる「勇気づけ」

これまで、初任者ＳＣなりのアドラー心理学実践を、信頼関係作り、アセスメント、問題対処のプロセスで報告してきました。当然のことですが、これらのプロセスは円環的です。アセスメントや問題対処をする過程で、信頼関係が生じることもありますし、アセスメントをしながら問題対処を繰り返すこともあります。筆者は、この円環的なプロセスの中で、アドラー心理学の使える要素をできるだけ活用しようと心がけています。そして、この円環的なプロセスの中で、常に欠かせないと思われるのが「勇気づけ」の理論です。少しでもアドラー心理学を学んだ方なら、この「勇気づけ」をご存知かと思います。「勇気づけ」の定義はいくつかありますが、端的には、「困難を克服する活力を与えること」と表現されることが多く、八巻は、「アドラー心理学は別名『勇気づけの心理学』と呼ばれるくらい、この『勇気づけ』はアドラー心理学において重要な概念のひとつ[23]」、と述べています。「勇気づけ」は、本書の別の章でも取り上げられていますので、ここではごく簡単に述べることにします。筆者は、「勇気づけ」はＳＣ活動に欠かせないというより、ＳＣ活動の支えになっている、と考えています。「勇気づけ」はいろんな方法で実践することができますが、勇気づけにあたって、筆者が一番大切にしていることは、勇気づけは、技術より、まずは態度が大切、ということです。これをしたら、必ず「勇気づけ」になる、と決まったものは、ほぼありません。こちらが「勇気づけ」しているつもりでも、相手がそう思わなければ、残念ながら「勇気づけ」にはなりません。つまり、「勇気づけ」した側の自己満足に終わってはいけないということだ、と筆者は考えています。筆者の失敗経験から、勇気づけになるSCの言動は、相手によって様々です。人によっては、他の人が見ている前で、SCから声をかけられると、自分は何か問題があると思われるから嫌だ、ということもあるのです。「勇気づけ」は、SCの思いだけでするものではない、と改めて学んでいます。「勇気づけ」は、どう行動するかも大切ですが、どうあるか、という態度も大切だと感じています。SCの場合、実際の働きかけがなくても、「あなたを見守っていますよ」、「もし、困ったことがあって、SCが役に立てることがあったら、いつでも声をかけてね」、そういう態度でいることが大切なのではないかと思っています。SCが良かれと思って取った言動が、思ったように相手に届かないと、初任者SCは焦ってしまうかも知れません。ある子ども曰く、大人は子どもに好きになってもらおうとしてはだめで、好きになってくれるのを待たなくてはいけないのだそうです。時には、待つ姿勢、待つ勇気も必要なのだと感じています。

最後に

筆者の経験から、初任者SCが小学校現場で活かせるアドラー心理学実践を、駆け足でご報告しました。ここでお伝えしたのは、アドラー心理学の理論、考え方の一部ですので、実践に活かせる理論、考え方はまだまだあります。アドラー心理学の特徴のひとつは、その融通性・柔軟性ではないかと考えています。「〇〇理論は、〇〇のように実践しなくてはいけない」というような堅苦しいことはほとんどなく、SCそれぞれが、自分の個性を理解した上で、アドラー心理学の理論、考え方を、現場に合わせながら活用しています。それは、この本をお読みになれば、お分かり頂けるのではないでしょうか。アドラー心理学の理論は、シンプルですが、だからこそ、実践が難しいと思う方もいらっしゃるかもしれません。筆者も、SCとして働く前は、不安だらけでした。しかし、実際、小学校現場に入り、初任者SCながら、アドラー心理学を自分なりにSC活動に活かそうと、今できることは何かを考えながら、時には失敗しながらも、とにかく精一杯やってみることから、始めています。もし、SC活動をやってみたいけれど、躊躇されている方や、アドラー心理学を実践したいけれど、どのように実践してよいのか分からないというような方がいらしたら、このような筆者の実践報告が、少しでもお役に立てれば幸いと思っています。

【文献】

（1）鈴木義也・八巻秀・深沢孝之、『アドラー臨床心理学入門』、アルテ、二〇一五年、二四頁
（2）チャールズ・E・シェーファー編著、串崎真志監訳、『プレイセラピー14の基本アプローチ――おさえておくべき理論から臨床の実践まで』、第三章テリー・コットマン「アドラー派のプレイセラピー」、創元社、二〇一一年、五七～六二頁
（3）田嶌誠一、『現実に介入しつつ心に関わる――多面的援助アプローチと臨床の知恵』、金剛出版、二〇〇九年
（4）岩井俊憲、『アドラー心理学によるカウンセリング・マインドの育て方』、コスモス・ライブラリー、

二〇〇〇年、一六三～一六五頁
（5）（2）五七頁
（6）岩井俊憲監修、梶野真、『アドラー心理学を深く知る29のキーワード』、祥伝社新書、二〇一五年、九八～一〇一頁
（7）村瀬嘉代子監修、東京学校臨床心理研究会編、『学校が求めるスクールカウンセラー――アセスメントとコンサルテーションを中心に』、遠見書房、二〇一三年、四四頁
（8）（1）八二～九二頁
（9）アルフレッド・アドラー、岸見一郎訳、『生きる意味を求めて』、アルテ、二〇〇七年、二二五頁
（10）（9）二二一頁
（11）R・ドライカース、宮野栄訳、野田俊作監訳、『アドラー心理学の基礎』、一光社、一九九六年、七九頁
（12）（11）七九頁
（13）（1）五〇頁
（14）八巻秀、『アドラー心理学――人生を変える思考スイッチの切り替え方』、ナツメ社、二〇一五年、三四頁
（15）（3）一二四頁
（16）（1）六五頁
（17）（1）三三頁
（18）（1）一三六～一四四頁参照

(19)(6)一一五頁
(20)(7)一四頁
(21)(1)一四五～一五六頁参照
(22)岩井俊憲、『心の雨の日の過ごし方』、ＰＨＰ研究所、二〇〇九年、一一五～一一六頁
(23)(1)一〇〇頁

中学校編

第4章　思春期の混沌にスクールカウンセラーができること

深沢　孝之

中学生は難しい?

筆者は数校の中学校のスクールカウンセラー（以下、SC）をしています。都市部というより郊外や農村・山間部の中小規模の学校に配置されているためか、比較的ゆったりしたペースの仕事の日もあります。しかし、ケース自体はもちろん簡単ということはなく、実に様々な相談があり、内容自体は都市部とあまり変わりません。また、全校生徒数十名という小規模校には、小さなコミュニティーならではの難しさがあります。

筆者はSCになる前は児童相談所や精神科思春期外来などの児童・思春期臨床が長く、関わったのは中学生が最も多いのですが、中学生は、小学生や高校生、大学生に比べて特有の難しさがあると感じています。

中学生は思春期の初期といえます。女子では生理が始まり、男子では声変わりや精通が見られ、子どもの身体から生殖可能な大人の身体に変化します。つまり身体という内部環境が急激に変化するのが思春期です。生物的に成熟してくれば、性的な欲動が出てくるのは当然です。そうなれば動物のオスが他のオスと戦うのは種の保存のための自然の道理です。このため人においても、成熟に伴い、性衝動とともに攻撃性が高まります[1]。しかし、現代社会でこの年代がストレートにそれらを表すことはできません。そこに葛藤が生じます。

また、身体的発達のスピードは個人差があり、すでに思春期真只中の子もいれば、遅い子もいます。心理的発達もかなりの違いがあります。そして、ギャングエイジともいわれる小学生時代とは対人関係のあり方が変わってきます。異性への関心と拒否感、同性同士の比較による劣等感が強くなります。学業も難しくなり、一気に抽象度が上がって、ついていけないと感じる子どもが増えます。また部活動も始まり、生まれたのが一、二年違うだけの「先輩」との絶対服従的関係という課題もあります。

そのような子どもたちが通う中学校は良いにつけ悪いにつけ、ある種の明確な枠組みを持っています。学級は小学校とは違うにしても、相変わらず最重要の所属の場で、そこで一日仲間と過ごさなければならない閉鎖性はあります。中学校の生徒へのコントロールの仕方は自治体や管理職、職員などの多くの要因によって大分違いがあるようですが、その中である生徒たちは窮屈さを感じたり、学級や部活に居場所がないと感じると、休むしかないと考えてしまいます。不登校が中学に入るとぐんと増えるのもわかります。

最近は学校への適応がうまくいかないと、フリースクールや適応指導教室など様々な代替手段、場所が提供されるようになりましたが、それでも義務教育という縛りのため、または実際にまだ十分に成熟していないため、学校が嫌だからといってほとんどの子どもは自由に羽ばたくわけにはいきません（一部の非行児はそれを試みているのかもしれませんが）。

そんな大人と子どもの境界線、中間地帯で混沌としているかに見える中学生のスクールカウンセリングで、筆者なりにアドラー心理学を取り入れている様子をお伝えします。

先ずは「課題の分離」から

SCは子どもの問題を巡って保護者の面接をすることが多くあります。カウンセリングともコンサルテーションともいえます。親子関係や家庭内のコミュニケーションをお聴きすると、どうも過干渉だったり、生活上のルールが曖昧でうまく動いていない印象のケースがよくあります。また、親と子どもの問題行動をめぐってのコミュニケーションばかりが活発で（「何やってるの！」「勉強しろ！」「早く起きなさい（帰りなさい、食べなさい……無限に続く……）」、それ自体が問題を維持していることもあります。そのような場合、アドラー心理学的には、この保護者は「課題の分離」ができていない、と推測できます。

したがってそういう時、SCは「課題の分離」を試みます。事例はプライバシー保護のために変えてあり、筆者の典型的な展開のものとして再構成しています。

中学三年生の女子、Aさんは一学期に入ると校内でも「素行に問題のあると見られる生徒たち」のグループと付き合うようになりました。そのため放課後にはその生徒たちのたまり場に行ってしまい、帰宅はいつも深夜でした。母親は、とても真面目な方で、Aさんの突然の変貌（と母親には見えた）に驚き、うろたえて担任に相談、担任の勧めでSCのところに来てくれました。一学期終わり頃の一回目の面接で、まず母親の困っていることを聴くと、「悪い友達と仲が良くなって遊びまわっている。夜遊びして勉強しない、ウソを言う」とのことでした。これまでの経過や簡単な発達歴を聴取し、家族布置を確認しました。家族布置とは、アドラー心理学でいう、家族構成と関係性の情報収集過程です(2)。五人家族で、父母、姉（高一）、弟（中一）、Aさんは中間子でした。

アドラー派のカウンセラーは家族布置を聴いて、推測をたくましくします。おそらく、Aさんは中間子として、上と下のきょうだいにはさまれ、圧迫感や疎外感を感じやすいのではないか、そのため不平等感や劣等感を持ちやすいのかもしれない、この家庭では姉はきちんと高校に行っているので、Aさんはそれに対して競争意識や劣等感を潜在的に感じていて、やや不適切な方法で親の注目を引こうとする傾向があるのではないか、と推測できました。母親と話していて、この家庭は「真面目さ」や「普通でいること」が「家族価値」になっている可能性があると考えました。家族価値とは、家族、特に保護者が示す価値観、指針です。姉はそれにイエスと応じて親はそれを評価したので、Aさんは姉との差別化を図るべく、自己主張の手段として「反逆の道」を選んだのかもしれません。

しかし、それはこの時点でのSCの勝手な「妄想」に過ぎません。本来ならAさん本人にカウンセリングで会って、SCの仮説を確認しなくてはいけません。しかし、この場合相談室に来ているのは母親だけなのでそれはできず、取りあえずその仮説の線に沿ってSCは動くことにしました。

SCは相談室にあるホワイトボードの横に立って、おもむろに表を作り始めました。

「人にはそれぞれが取り組むべきことがあります。それを課題といいます。課題とは、それをすることで、あるいはしないことで、その行為の最終的な責任を負わなければならないものごとです。例えば、ご主人、お父さんの課題は何でしょうか。まずは仕事ですね。では勉強は誰の課題でしょうか。……そうですよね、勉強するかしないかは基本的には、娘さんの課題です。では、お母さんの課題は何でしょうか。例えばお母さんは主婦でいらっしゃるので、家事なんかはそうでしょうか」

という感じで話しながら、「子どもの課題」と「母親の課題」の欄それぞれに、各自の課題を書き入

子どもの課題	母親の課題	共同の課題
学校	家事	共同スペース（リビング、トイレ、風呂）の使い方
勉強	家計の管理	家族旅行のプラン
友だち関係	（母親の）友人関係	門限
異性関係	趣味	その他迷惑を受けたこと
小遣いの使い方		
自由時間の過ごし方		
子ども部屋の片づけ		

表 1　課題の分離の実施結果

れていきました。そして、

「それぞれが勝手に自分の課題だけをやればいいというわけにはいきませんね。やはりご家庭がうまく回っていくためには、協力し合うべきところがあります。それを『共同の課題』といいます」

と言いながら、「共同の課題」欄に、親子で取り組むべき細々としたことを書き入れました。そうしてできたのが、表1です。

もし、Aさん本人も参加する親子合同面接になっていたら、共同の課題欄に「門限」を入れて、その場で親子に話し合わせたかもしれません。筆者の経験では、親子の希望がぶつかって（子どもは午後十一時、親は午後八時とか）、SCはその中に入って仲裁したりして、興味深い会議になることがあります。ただ、本ケースではそれはできませんので、門限の項目だけ入れて、親子で一度冷静に話し合うことを勧めました。

「まず、子どもの課題は基本的に子どもに任せる、そこに口や手を出さないこと。特に子どもの交友関係は子どもの課題なので、口を出さない。お母さんはお母さんの課題に専念してほしい。親子で解決したほうが良いことだけは、『共同の課題』として取り上げ、話し合いで決めてほしい」

とお願いしました。この表自体は冷静に考えれば当たり前な内容と思われるので、特に反論はなく母親は同意してくれました。

一般に、この「課題の分離」を提示すれば、すぐにクライエントが変わるということはないかもしれません。ただ、一度このルールに沿って動こうと家族が努力してくれると、やがて変化が訪れることがよくあります。

この母親は、「課題の分離」の後もやはり娘のAさんの行動が気になって、気に入らない行動につい口を出したり、子ども部屋の掃除は子どもの課題にしてあったのに、Aさんの留守中に掃除に入って、Aさんのカバンの中からタバコを見つけてしまって大騒ぎ、不安になって、SCに相談に来た時もありました。Aさんは、「うちは嫌、友だちはわかってくれる。(友人との関係は親が何と言っても)やめないからね」と母親に言い切ったそうです。なかなかしっかりとした娘さんです。以後の面接は、「課題の分離」を主要なテーマに進みました。母親も「できない」とは言いながらも努力はしてくれたようです。次第に冷静になって、Aさんはたまに休むことはあっても不登校になっているわけではなく、問題がある生徒たちとの交友もあるが、学校では普通の生徒たちとのコミュニケーションはできていることを母親は理解するようになっていました。

ただ、ある面接の日の朝、母親からSCに電話があり、「Aがスクールカウンセリングを受けに行くな、と言っているので行けない」という訴えがありました。SCは、「課題の分離」の考えを思い起こしてもらい、「お母さんが娘さんを変えさせるためではなく、ご自身が娘さんとうまく付き合うためにカウンセリングを受けるのだから、カウンセリングはお母さんの課題です。お母さんにとって必要なら来てください、そう娘さんに伝えてください」とSCは話しました。カウンセリングは続きました。なぜ、Aさんがそのようなことを言ったのか、母親はSCのことをどう彼女に伝えていたのかは正確にはわかりませんが、ＳＣは興味深い動きだと思いました。Ａさんは自分の悪口を言われていると思ったのか、あるいは母親の変化を感じて、「時々学校に来るあの変なオッサンが、最近お母さんに変なことを吹き込んでいる」と思ったのかも、とは筆者の勝手な想像です。

面接はＡさんの問題行動に不安になって、将来を心配する母親の気持ちに合わせながらも、解決志向ブリーフセラピーの「例外」の質問や認知行動療法の技法も使いながら進めていきました。すべて「課題の分離」を遂行していただくためです。本当はアドラー心理学お得意の「勇気づけ」も教えたかったのですが、正面から伝えることはしませんでした。ただ、子どもの「適切な行動に注目する」という文脈で、怒らない、帰ってきたら「お帰り」と言おう、共同の課題をやってくれたら「ありがとう」と言おう、と提案しました。母親がきちんと実行してくれたかはよくわかりませんが、意識してくれたと思います。あまり自慢げに報告をする人ではありませんでした。ＳＣには不安や心配事を主に話したかったようです。

そうしているとＡさんは次第に夜の外出が減り、早く帰宅するようになりました。二学期になってなんと塾にも行き始めました。クラスで仲の良い生徒に誘われたそうです。いろいろな変化が起こり始め、年末の三者懇談で担任から「最近は落ち着きましたね」と評価されました。担任によると、志望校も一旦はレベルを落としたのが、また元に戻したとのことでした。一方でＡさんは「問題のある生徒たち」との付き合いも続けていて、大体は門限の範囲内で遊んでいるようです。これを聞いて筆者はＡさんのある種の「バランス感覚」に感心しました。たとえ周囲から悪い子と思われていても、自分にとって必要な仲間との関係も維持しながら、居心地の変わった家庭にも素直に反応していたように思えたからです。彼女なりの目的に沿った行動を選んでいたのだろうと思われました。

最後の面接では、母親の表情は明らかに和らいでいました。ＳＣはＡさんの状況を確認し、母親の努力や協力を称賛し、勇気づけて、カウンセリングは三学期後半で終了しました。結局Ａさんとのセッションは一度もなく、志望校に合格して卒業しました。

詳述しませんでしたが、筆者は見立てていました。母親はこの問題が起こる以前から不安を感じやすく、時に病的レベルになることがある人と、筆者は見立てていました。アドラー心理学的には、この方はライフスタイルに問題や課題を抱えていたのかもしれません。しかし、Ａさんは中学三年生で受験を控えており、Ａさんの進路のためにも、母親の不安を軽減するためにも、短期決戦的なスクールカウンセリングとして、このようにコミュニケーションに焦点を当てることが重要であると考えて面接を組み立てました。

伴走しながら、勇気づける

アドラー心理学は未来志向、変化志向で教育的カウンセリングと言われることが多く、実際そういう面はあります。一方心理臨床の世界ではよく「寄り添う」という言葉が聞かれます。「クライエントの思いに寄り添う」「苦しみに寄り添う」みたいな言い方です。確かに大事な態度と思いますが、その言葉の語られる様子を見聞きすると少々情緒的に過ぎると感じる時もあります。筆者の感覚では、大人や社会との距離感を測ることが課題の思春期では、「寄り添う」より「適度に付き合う」「つかず離れず」という方がしっくりくることがあります。

いずれにしても、急な変化というものを志向しない関わりというのも確かにあります。多くのケースでは、「治療目標の一致」ができたらそれに向かっていけます。その目標が「登校」や「クラス復帰」「部活の試合で上がらない」とか明確で周囲も納得できるものならば、具体的にプランを持って進めていけばいいでしょう。

しかし、子どもの方が周囲の大人たちとは違うニーズを持っている場合、一見状況は変化なし、行き詰りに見える場合があります。学校に行かない状態を維持したい、クラスに入りたくないけど卒業はしたい、不登校でもいいけど高校には行きたい、あの担任とは会いたくない（だから行かない）などのニーズが子どもにある場合、果たしてＳＣは何を、どこまでできるでしょうか。基本的にこのような思いは「子どもの課題」であり、それ自体は問題視するものではありません。問題視しているのは親や教師が多いでしょう。だからその人たちへのカウンセリングは意味がある可能性はあります。

もちろん、ニーズはプロセスの中で変わり得るので、「不登校でもいい」が「学校に行きたい」に変わることはあり得ます。しかし、関わっているその時、その瞬間には相手のニーズを尊重して、合せていく必要があります。そしてカウンセリングという「共同の課題」を提案し、同意できるところで動いていきます。

絵が好きなある女子生徒は面接のために朝登校して、面接が終わったら即帰っていました。彼女は毎回、家で描いた絵を見せてくれました。ＳＣも知っている限りの描画法を随時実施して、「心理ゲーム」を二人で楽しみました。たまにＳＣも「職務」にとらわれて、「もう少し長く学校にいる?」「学級に入ってみるとかどうだろう」と提案しても、「それはいいです」という返事でした。毎週の短時間の面接は一年続き、卒業式は出ないけれど卒業はして志望の高校に進学しました。描画テストの内容は割愛しますが、期間を空けて実施したテストを比較すると、確かに変化や成長と解釈できるサインは見られました。卒業時、本人も保護者もＳＣに感謝を示してくれました。筆者が一貫してやったのは、短時間でも登校できているという現状を維持し続け、将来につなぐために勇気づけを意識したコメントでした。

発達障害の特性を持つ男子生徒（診断されている人もいない人もいます）の中に、学級に戻る気は全然ないけれど、決まった時間に遅刻して来て、しばらく空き教室などで自習して（学校が不登校生徒向けの部屋を作ってくれています）、決まった時間に帰る人が毎年何人もいます。もちろん不登校の生徒全員ではなく、「（戻る気が）ある」と言ってくれる人は介入で治っていきます。先生たちも個別に学習指導をしているのですが、人的、時間的に対応しきれないことも多く、ＳＣのカウンセリングを勧められてやって来ます。ただ、本人たちは別に困っているわけでなく、元々折り入って悩みを相談するという気持ちも薄い人が多いので、改めてこの子たちのニーズは何かな、と探ってみると、頭痛や肩こりなどの身体症状というか身体に緊張や痛みがあったり、「強くなりたい」「ドラゴンボールの悟空みたいになりたい」「歴史が好きで武道をやりたい」「行きたい定時制高校はヤンキーが多いのでそこが心配」という思いを表す生徒がいます。

そういう場合、アドラー心理学の「全体論」を発想の基盤にします。「心と身体、意識と無意識は一つ」「人は分割できない統一体」であるという考え方です。(3) そこから筆者は「心（言葉）がダメなら身体から」と考えます。あるいはこういう場合、「情緒や感情から」「イメージから」と発想するＳＣもいるでしょう。表現療法やプレイセラピー的な関わりがそれかもしれません。もちろん、子どもには大切なアプローチです。筆者も行いますが、より身体的なアプローチを好みます。

特に筆者は、臨床動作法や催眠を学んでいるので、身体や自律神経的な症状には使ってみることがあります。さらに筆者はたまたま若い頃に合気道を学び、今は伝統的な中国武術を嗜んでいるので、生徒に「やってみない？」と誘ってみることがあります。面白そうと感じて応じてくれると、そこから面接は「稽古の時間」になります。筆者独自の、少し変わった「武術セラピー」（自称）を紹介します。

その内容は少々マニアックになってわかりにくいと思うので詳しくは述べませんが、ゲーム三昧で運動不足の彼らのために、それほどきつくない運動にしています。それでも体をほぐす準備体操と、軽い中腰の姿勢でじっと立つ気功法を行い、太極拳の型を教え、最後にその型を使った約束組手と護身術の技を教えるので、けっこう本格的です。太極拳の型は長いので、毎回一手、少しずつ教えます。面接に来れば来るほど、型が完成していきます。護身術も腕を取られたら、胸ぐらをつかまれたら、という想定の下のごく基本的な技です。

この稽古の時間になじんだ子どもは、長期間面接に通ってくれるようになります。次の型は何だろうという好奇心や、技をマスターすることへの向上心が刺激されるようです。発達障害、特に自閉症スペクトラムの特性のある人は、あるパターンが身につくとそれを強く維持しようとします。極端な場合はこだわりになってしまいますが、時空間を構造化して見通しの良いものにもしてくれます。武術の型は、意外に彼らの特性に合っている場合があることに筆者も教えてみて気づきました。そして、型を練ることは、自分の身体を改めて意識し、コントロールする体験です。しかも太極拳は動きながらひたすら力を抜くことを求めるので、臨床動作法のように主体的に緊張を取る訓練をしているのと同じになると推察できます。

じっと立ち続ける気功法は伝統武術の世界では坐禅に対して「立禅」とも呼ばれますが、まさに今注目のマインドフルネス瞑想です。別にそのように教示しませんが、自分の足で地面に立ち、体を全体的に実感する時間にはなり得ます。臨床動作法でいう「自体感」「自体軸感」(4)を作ることと同様の作用があるように思います。また、護身術を覚えることは、「弱い自分」という自己イメージを修正するきっかけになるかもしれません。アドラー心理学的には「劣等感の補償」になります。太極拳の組手は日本の合気道に似ていて、先ず相手の動きに合わせて、相手の力を利用して技をかけていく練習ですが、発達障害系の人はこの相手に合せることが最も苦手な課題であり、必要な訓練であると筆者は思います。また、型をしたり技をかける時の筆者の動きを見て自分の動きを作ることは、「人に関心を持つ」「人の動きを見て真似る」時間になります。アドラー心理学的には、「共同体感覚の育成」に多少なりとも資するかもしれません。少なくとも筆者はそう願って指導しています。武術の稽古といっても全然厳しくなくてゆるゆるで、安全には配慮しています。護身術をしていると生徒がふざけてきて、そのまま相撲みたいに組んず解れつ状態になって体のぶつけ合いになって笑い合うこともしばしばあります。本質的にこれはプレイセラピーの一種と考えていいでしょう。

三国志マニアの生徒には、筆者所有の中国の剣（もちろん模擬刀です）を持ってきて見せて、振らせてあげます。異文化に関心を持ち、触れることになればいいと思っています。

気がつくと配置校のそれぞれに筆者の「弟子」（と彼らは思っているかはわかりませんが）が何人もできました。何となく苦しまぎれに始まった「武術セラピー」に、療育的意味があることを最近は実感しています。

そして、典型的なカウンセリングではないけれど、いつもこのために相談室に通ってくれる生徒たちに自然に感謝し、教え、一緒に稽古する自分がいます。少しでも上達し、学んでくれると思いきり認め、勇気づけます。アドラー心理学の勇気づけの技法の中に、「加点主義、プロセス重視」というのがありますが、(5) 武術にせよ何にせよ、ある課題を遂行するプロセスを共有し、少しの進歩でも認めていくことは、勇気づけ的な意味があると期待できます。

「治療効果」といわれると、まだよくわかりませんし、専門的な技法として確立するにはさらなる研究が必要と思われますが、本人や保護者の反応は良好なことが多いので無駄ではないでしょう。「姿勢が良くなった」「兄弟喧嘩で負けなくなった（良いこと？）」「何となく表情が違う」という印象から、教室には入らないけれど安定的に登校は続けられるようになった、特別支援の教室に入れるようになった、などの報告があります。

「武術セラピー」は別にアドラー心理学ではありませんが、その要因は入っていると考えています。これは特殊な例かもしれませんが、スクールカウンセリングは物理的、時間的制約などで、治療理論やアルゴリズム通りに進められないことがよくあるように思います。クライエントの多様なニーズに応えるために、全体論を志向することで、ＳＣは自分の持ち味やリソースをフルに活用して柔軟にアプローチを考えていけることを示唆したいと思います。

冒頭に述べたように中学生時代は心身があたかも混沌としているかのようで、自己との関係、対人関係が混乱しやすい時期です。ＳＣは中学生の成長プロセスに伴走するかのように付き合いながら、対人関係の混乱を整理し、なおかつ発達に必要な刺激になり得る何かを提供することが重要と筆者は考えています。

【文献】
（1）秋山邦久、『臨床家族心理学』、福村出版、二〇〇九年、四五～四七頁
（2）鈴木義也・八巻秀・深沢孝之、『アドラー臨床心理学入門』、アルテ、二〇一五年、一六九～一七八頁

（3）（2）六四～六五頁
（4）成瀬悟策編、『動作のこころ 臨床ケースに学ぶ』、誠信書房、二〇〇七年、一九六、二二三頁
（5）岩井俊憲、『勇気づけの心理学 増補改訂版』、金子書房、二〇一一年、一五三～一六一頁

第5章　アドレリアン・カウンセリング、試行錯誤

志村　いづみ

はじめに

筆者はアドラー心理学を学んで十数年になります。アドラー心理学の目的論や主体論、対人関係論などは、クライエントや問題の状況を理解するために、また、解決に向けてアドバイスをしたりするために筆者にとってはわかりやすく、使いやすい理論です。地方の公立中学校のスクールカウンセラー（以下、ＳＣ）として、試行錯誤しながらアドラー心理学の理論や技法をベースにカウンセリングやコンサルテーション、保護者への助言、援助を行ってきました。

以下に、事例を取り入れながらどのようにアドラー心理学をカウンセリングに生かしてきたかをお伝えしていきたいと思います。ただし、文中の事例は実際のケースとは大幅に変えて、特定できないように配慮してあります。

カウンセリングの実際

筆者が、ＳＣの活動として生徒、教師、保護者とかかわるとき第一に心がけていることは、アドレリアン・カウンセリングのカウンセリング的人間関係の特徴である、相互尊敬・相互信頼（どのよう

なクライエントをもかけがえのない個人として尊敬し、その人の可能性を信頼すること）、協働関係（カウンセラーとクライエントが協力して問題を解決するという横の人間関係を結ぶ）という考え方に基づいた関係づくりです。そして、カウンセリングの決められた時間の中で、どの問題をどのように解決していくのかをSCとクライエントとの間で合意すること（目標の一致）を目指しています。[1]

（1）生徒編

生徒からの相談内容は、友人関係、親子関係、進路も含んだ学習面、部活についてなどさまざまです。回数も一回で終了する場合が多く、複数回行う場合もあります。SCとして、生徒がカウンセリングを通して、問題の解決だけではなく、うまくいっているところや頑張っているところに気づけるようになり、勇気や元気がわく感じを持って教室にもどっていけるように心がけています。ただ、自分から困り感を持って相談に来る生徒ばかりではなく、教師に促されて相談に来る生徒もいます。そういった生徒は、なかなか自分から困っていることを話すことができず、こちらが思いを引き出していくことになります。その時のきっかけとして家族布置を尋ねたり、特殊質問をしたりしています。

家族布置や特殊質問は、アドレリアン・カウンセリングでは情報収集の技法に含まれており、筆者はアセスメントとしてよく活用している技法です。例えば、「家族構成を教えてください」と尋ね、ジェノグラムを作り、生徒がきょうだい、家族の中でどのような位置づけにいると自分自身をとらえているのかを確認していきます。アドラー心理学では、家族は、幼児が初めて知る社会で、「この世界はこういうところだ」ということをまず家族生活の中で学ぶとしています。世界についての基本的な感じ方・見方・構え方は、主に家族の中で形成されます。また、きょうだいの誕生順位によってある程度ライフスタイル（性格的なもの、行動のパターン）も決まるとしています。[1][2] したがって、家族布置を尋ねることで生徒のとらえ方や傾向をアセスメントすることができます。また特殊質問として「生まれ変わったら、人間以外に何になりたいですか？（転生願望）」や「神様があなたに三つの願いをかなえてくれるとしたら何をお願いしますか？（三つの願い）」を聞くことで、生徒の自己理想などもアセスメントできます。その生徒が、理想と現実の中でどのように感じたり対応したりしているのかを知る手がかりとなります。あるいは、話が行き詰ったり、答えに困ったりしたとき、話のきっかけとしてこのような質問をすることもあります。

中一女子Ａさんの事例です。友人関係でうまくいかず、教室に入りにくく、保健室で過ごすことが多い生徒でした。担任の勧めで来室となりました。担任からの事前情報で、Ａさんは教室に入りにくい状態を親には知らせてほしくないと言っているとのことでした。面接のはじめは、困っていることをポツリポツリと話し、戸惑いや緊張の強さが感じられました。家族布置を尋ねると、三人きょうだいの第一子でした。「お母さんには迷惑かけちゃいけない」「風邪とか病気じゃないと休めない」と話しました。そして、学校に来ることのつらさ、クラスの友達になじめない様子をゆっくりと語り始めました。ひと通り本人の思いを聞いたあと、転生願望を尋ねると「海の魚。海の奥のほうで、泳いでいると気持ちいいから」と答えてくれました。

ここから、第一子特有の『頑張り屋だが、自分の体面にこだわりすぎてしまって、うまくいかなくなったり、いつでも一番でいなければと感じて背伸びしやすくなったりするところ』[3] がうかがわれました。実際Ａさんは、「友達とうまくやろうと頑張っているけどうまくいかない」と話していました。

習い事もたくさんしており、親（特に母親から）の長女としての期待に応えたい（認めてもらいたい）という気持ちも強いところがうかがわれました。したがって、転生願望で答えたような、広々とした海でのんびりと泳いでリラックスしたいという思いが出てきたと解釈しました。

「早期回想」もアセスメントとして利用することがあります。早期回想とは、①ある日ある所での特定の出来事の思い出②始めと終わりのあるストーリー③ありありと視覚的に思い出せること④感情を伴っていること⑤できれば一〇歳くらいまでのできごとの思い出、これらの条件をみたすような回想のことを言います。「ある日こんなことがあった」というような具体的な思い出・エピソード記憶です[4]。早期回想を語ってもらい、それを解釈することで、その人の信念、行動のパターンがわかるとアドラー心理学では考えています。

この技法について、不登校傾向の中二女子Bさんの事例で行ったものを紹介します。

Bさんは、三人きょうだいの第一子でした。家ではきょうだいの面倒をよく見、家の手伝いもよくしていました。家では家族のために頑張ることができていましたが、学校へ行こうとすると体調が悪くなったりするため欠席する日が増えていきました。登校しても給食の時間が近づくと腹痛を訴え、保健室で休んだり、早退しました。教師からの依頼でSCと関わることになり、筆者の勤務日に登校していたらカウンセリングに来室してもらい、登校できていない時には家庭訪問をすることになりました。Bさんは、「学校には行かなくちゃ、と思う」「明日は学校に行こうと思うけど、朝になると体がだるくなり、気分が悪いと休んでしまう」と話し、学校に行けないことへの困り感はあるもののどうしてよいのかわからないようでした。筆者としてもBさんとの関係性はできつつあるものの、どのように支援していくか今一つ手がかりがつかめませんでした。ただ、筆者が尋ねる質問にはよく答えてくれました。そこで、早期回想を聞いて理解を深め今後につなげようと考えました。小学校四年生くらいまでの思い出を尋ねるといくつか話してくれました。そのうちの二つを提示します。

①二年生のときの運動会。クラスが一〇人くらいしかいなかった。楽しかった。借り物競争。ピンポン玉を貸して下さいと言ったけど見つからなかった。あるわけないじゃんと思ったけど探した。最後に見つかって、六年生の別の組の子に貸してもらった。ゴールできてうれしかった。一番印象に残った場面は、貸してくれたとき。その時の感情は、うれしかった。

②一年生か二年生のとき。先生に怒られた。クラスみんなが怒られた。怖い先生で、泣きはしなかったが、外に出された。一〇人、クラスみんな。頭冷やしなさいって。みんなで相談した。なぜ先生が怒ったのかとか、謝ったほうがいいよねとか。自分はどうしていいかわけがわからなかった。全員宿題を忘れたからそれで先生が怒ったんだけど。一番印象に残った場面は、みんなで謝ったところ。感情は、謝れてよかった。先生が許してくれてよかった。

①の早期回想は、借り物競争で指示に従って頑張ったというエピソードです。ここから、『指示があると私は頑張れる』。また、『指示には従わなければいけない』という自己イメージ、『困っていると誰かが助けてくれる』という世界観が考えられました。

②の早期回想は、先生に怒られたが、自分ではどうしていいかわからず、みんなに合わせたらうまくいったというエピソードです。ここから、『仲間となら困った事態でも乗り越えることができる』『困ったら、周りに合わせよう』『年長者の言うことには従わなければいけない』と解釈できました。

この二つから、

自己概念は『私は、一人ではうまくいかない』

世界観は『年長者は困ると、助けてくれる』『無力を示すと誰かが助けてくれる』自己理想は『困ったら助けてもらおう』『とにかくみんなに合わせよう』『言われたことに従おう』とまとめました。この結果からBさんは人とのかかわりや仲間との関係を重要視し、人に合わせすぎる傾向にあると見立てました。この内容をBさんにわかりやすく説明したら、「そうかもしれない」とおおむね同意をしてくれました。したがって、SCは積極的に再登校について提案することにし、Bさんと一緒とも考えられました。Bさんの人に合わせようとするライフスタイルは、協調性が高いにどのようにしたら再登校できるかを具体的に考えていきました。Bさんも自分の出来そうなことをいくつか挙げていき、これならできそうと決めたことを実行してくれました。また、担任にも見立てた内容を伝え、具体的に指示してあげるとBさんは行動しやすいことなどかかわり方について提案しました。担任の配慮もあって、Bさんの登校日数は少しずつ増え、気の合う友人もできるようになり、新学年を迎えてから休むことなく、順調に学校生活を送れるようになりました。

このように「早期回想」を取り入れたことで、Bさんの変化のきっかけになりました。ライフスタイルや認知が明確になり、より具体的な支援につなげることができたのです。

（2）保護者編

中学生にもなると、親の考えとは違った考えを持ったり、親の期待とは違った方向に子どもの思いが向ってしまって、親の方が子どもとどうかかわっていったらいいのかと悩むことが多くあります。小学校までは子どもは親の言うことが正しいと思い、その通りにふるまってきたところも多かったので、その変化に親は戸惑ってしまいます。親は子どものためだからこそ、自分が導いていかなければという気持ちを持ち続け、自分の思いを押し通してしまいがちです。そのため親子関係がうまくいかなくなってしまい、何とかしなければとSCを尋ねることがあります。

その時に重要な考え方が、「課題の分離」という考え方です。「課題の分離」とはおこっている問題（課題）が誰の問題（課題）かを考えて、他者の問題（課題）には介入しないこと、自分の問題（課題）の解決に他者を当てにしないことを考えさせることです。

たとえば、「成績が下がってしまった。このままでは希望する高校には行けない。勉強をさせたいんだけどゲームばかりしていて、まったく勉強しない。勉強しろと言えば言うほど反発してくる。どうしたらいいんでしょうか」と相談してきた親がいるとします。そんな時、「課題の分離」の考え方を親に伝えます。その行為の最終的な結末が誰にふりかかるのか、その行為の最終的な責任を誰が引き受けなくてはならないかと考えます。そうするとその行為が誰の課題であるかがわかります[5]。そして、それが自分（親）の問題（課題）ではないとわかったら介入しません、ということを説明します。

アドラー心理学に基づく親子関係トレーニングプログラムであるSMILEでは、『誰の課題でしょうか』という章で、じっくりと課題の分離について学んでいきます。その中で、子どもの課題に口を出すと①子どもが自分の力で問題を解決する能力を伸ばせなくなり自信を失う②子どもが依存的になって、責任を親に押し付けようとする③子どもが感情的に傷つけられ反抗的になるなどの弊害が生じてくる[6]ということを説明し、実践しながら体得できるように援助していきます。このような考え方はなじみが薄いため、たいていの親は、最初、かなりの抵抗感を感じるようです。子どもの将来を考えたら、親が導いてあげなければと考える親がほとんどだと思います。前述したような相談をしてきた親には「勉強するかしないかは、本人の課題です。その結果、志望校に受からなかったとしても責任の所在は本人に降りかかります。ですから、子どもは勉強しなくてはならないのはわかっているだろうから、いずれはするだろうと信じて、見守っていきましょう」などと伝えます。しかし、このような提案には必ずといっていいほど戸惑いを感じるようです。親に受け入れてもらうためには、繰り返し「課題の分離」についての考え方をお伝えし、ためしに何も言わないでいたら子どもがどんな行動をするか観察してきてもらうよう提案をします。そうすると、親は、意外にも子どもをあまり観察していないことに気づきます。そのような時は、子どもをより理解して、信頼できるよいきっかけとなることも付け加えます。

また、不登校の子どもとどうかかわっていったらいいのかと相談に来る親に対しても「課題の分離」の考え方を用いてかかわり方のアドバイスをしていきます。

子どもが学校から足が遠のくと必ずと言っていいほど、誰しもその原因を探そうとし、原因を取り除けば学校に行けるのではないかと必死になるのが常です。親ができることなら何でもしたい、何とかしてあげなくてはとても積極的です。そのような親の気持ちを受け止めながらも、今一番困っているのは誰なのか、学校に行くという行為の最終的な責任を負うのは誰なのかを考えてもらいます。そのうえで、親ができることは何か一緒に考えようと提案していきます。たとえば、たとえ学校に行けなくても、親がふだん通りに接することをお勧めします。筆者が、ある不登校の当事者グループに参加したとき、成人した不登校経験者が「今ふり返ると、お母さんが心配する姿がとてもつらかった」と言っていたのを聞いたことがあります。子どもは親の様子を敏感に感じ取り、反応しがちです。したがって、学校に行けないつらさばかりではなく、親へも気を使わなければならなくなり、越えなければならない壁をより高くしてしまうかもしれません。

また、子どもに「これからのことを一緒に考えていきたいのだけれど」などと「共同の課題」にしていく方法も伝えていきます。「共同の課題」とは、本来は自分の課題ではないけれど、あるいは自分の課題ではあるが相手と協力して取り組みたいときに「共同の課題」として提案し、問題（課題）を共有していくことです。ただし、この場合、相手の了解が得られなければ、潔く引き下がるというルールがあります。さらに、「この困難を自分で乗り越えることが、将来への自信につながっていくことと思います。ここでの経験が、今後どんな困難があろうとも乗り越えるすべを見つけられるようになっていくはずですよ」と付け加え、親を勇気づけていくことが大切です。

（３）教師編

教師から気になる生徒について相談を受けるときには、情報を客観的にとらえることが大切です。そして、カウンセリング同様、生徒の家族背景やクラスでの立ち位置など確認しながら生徒像をイメージし、教師と共有していきます。

友達との間で自分の気持ちをうまくコントロールできず、トラブルになりがちな中一男子Ｃくんの事例です。クラスで学園祭の取り組みをしていた時、自分の意見が認められなかったＣくんは、自分の気持ちを抑えられず、その場からいなくなってしまいました。これまでもグループ活動の時に自分の気持ちを抑えられず、不適切な行動をとってしまっていたため周りから相手にされなくなりつつあるとのことでした。筆者は、「なんのためにそのような行動を起こしたのでしょうか」とか「もしかしたら〇〇したかったのでしょうかね」など目的を探る質問を教師にしてみました。Ｃくんは、「自分の言っていることが正しいのにみんなが理解してくれない」と訴えてきたそうです。また「その時の相手役は誰なのでしょうか」と確認すると、「どうも力関係が同じくらいで、自分が上に立てそうな相手にしているようだ」と教師は話してくれました。

アドラー心理学では不適切な行動には四つの目的があるとしています[7]。『注目・関心を得る』『権力闘争をする』『復讐する』『無気力・無能力を示す』です。Cくんの言動から、「クラスの中で認められたい」（注目・関心を得る）と「ある生徒には負けたくない」（権力闘争）という二つの目的があると考えることができました。教師には、行動の目的を伝え、「まずは、Cくんの気持ちを汲んでほしいこと。そのうえで、自分の意見が通らないからと言ってこのような行動をとることに周りはどう感じるのかを考えてもらい、人に合わせることも必要であることを伝え、一緒に対処法を考えていく」などの提案をし、「Cくんの良いところが必ずあるはず。そこに注目してほしい」などと伝えました。

このように目的論で考えていくと「その人の考える認知や意図などの個人的意図に照準を合わせるのでより個人の思いに即したものになります[8]」。生徒の思いを理解したうえで生徒に合ったアドバイスができるので、生徒との信頼関係も深まり、生徒も前に進んでいけるのではないかと思います。また、問題行動は、その生徒と相手役との関係の中で起こっているという考え方、対人関係論的な発想をしていくと問題解決の糸口が見つかりやすいということも実感できるはずです。あらゆる人間の行動は、その人と相手役との対人関係上の問題解決を目的として、発動・実行され、行動の意味は相手役の人との対人関係から及ぼす影響から、判断・理解することができるという「対人関係論」の考え方[9]をもとに発想していきます。

生徒が不適切な行動を起こすからと悪い側面ばかりに注目せず、良いところが必ずあるはずなのでそういうところにこそ注目して認めてあげることも大事だということも伝えていきます。

クラスでの居場所感が持てず、休み時間は教室にいられずトイレで時間をつぶしていたという中一女子は、二学期のある時、音楽教師に「あなた明るくなったわね」と言われてとてもうれしかったと、担任ではないのに自分のことよく見てくれているんだと感じたと話していました。生徒自身も意識していないような変化や良いところを認めることは言われた生徒にとってはこの上ない自信につながっているはずです。

勇気づける

ここまで、アドラー心理学に基づいたカウンセリングの実際についていくつかの例を挙げながら紹介してきました。アドラー心理学は勇気づけの心理学と言われるようにクライエントが誰でも、どんな状況でも勇気づけるということを意識しています。

「勇気」とは、岩井によると「リスクを引き受ける能力」「困難を克服する努力」「協力できる能力の一部」として整理されており、「勇気づけ」とはそのような能力や、努力や協力を育て、人生の課題に取り組めるように援助することとしています。そして、「横の関係に基づく援助です[10]」。筆者は、この考え方、スタンスを常にカウンセリング場面で意識し、生かしていくことを目標にしています。

具体的には、岩井が『勇気づける人』の六つの特質として挙げている、『尊敬と信頼で動機づける』『楽天的（プラス思考）』『聴き上手』『目的（未来）思考』『大局を見る』『ユーモアのセンスがある[11]』を参考にしています。

たとえば、ネガティブなことしか訴えてこない生徒には、ポジティブな言い方に置き換えて返すこと（リフレーミング）をしてみました。すると彼から「こんなふうに置き換えて考えると楽しいですね」と感想が返ってきました。また、教師に勧められて、相談室に来るものの自分から積極的に話さない生徒に筆者がうまくいっているところや頑張っているところを返していくようにしていったところ、学年末には「来年度は、なんか頑張れる気がします。いろいろ話を聞いてくれてありがとうございました」と自分からきちんと挨拶してくれたこともありました。筆者はそれを聞いて頼もしさやうれしさを感じたことを彼女に伝え、終了となりました。

保護者や教師に対しても、困難な状況でも一生懸命に子どもたちにかかわっている様子に共感したりねぎらったりして、勇気づけていくことを心がけています。『勇気づける人』の特性をお伝えし、『勇気をくじく人』から『勇気づける人』になっていただくことも折に触れお伝えしています。たとえば、子どもの当たり前の行動に「うれしい」「ありがとう」「助かるわ」などとその時の気持ちを伝えていくことや結果ではなくプロセスを大事にして、うまくいっているところを認めていくような声かけの仕方を具体的に提案します。「そんなこと今さら照れくさい」「子どもが何かあったのかと勘繰りそう」「わざとらしく思われそう」とやはり、今までとは違ったやり方に抵抗を感じる保護者もいます。声をかけなくても見守る態度でいることやポジティブな気持ちをさらっと伝えるだけでも相手はプラスな印象を受けるはずなどと説明します。

「勇気づけ」を実践していくことで、筆者自身も生徒や保護者や教師から逆に勇気づけられることも多々あり、ＳＣとしての喜びや励みになっています。そして、勇気づける、勇気づけられるというやりとりの中にクライエントとの対等な関係（横の関係）が生じていることを実感します。

【文献】

（１）野田俊作監修、『アドラー心理学教科書——現代アドラー心理学の理論と技法』、ヒューマン・ギルド出版部、二〇〇二年
（２）鈴木義也・八巻秀・深沢孝之、『アドラー臨床心理学入門』、アルテ、二〇一五年
（３）（１）七一頁
（４）（１）七七頁
（５）岸見一郎、『叱らない子育て』、学研パブリッシング、二〇一五年、一五六～一六七頁
（６）『ＳＭＩＬＥ(Seminar of Mother/Father-Child Interaction with Love and Encouragement)』、ヒューマン・ギルド出版部、二〇〇四年
（７）（２）一三五～一四四頁
（８）（２）三九～四〇頁
（９）（２）五〇～五三頁
（10）（２）一〇一～一〇二頁
（11）岩井俊憲、『勇気づけの心理学』、金子書房、二〇〇二年、七四～七六頁

高校編

第６章　高等学校におけるアドラー心理学のスクールカウンセリング

橋口　誠志郎

現代の高校生をデータから見ると

文部科学省が毎年出している「平成二五年度「児童生徒の問題行動等生徒指導上の諸問題に関する調査」結果について」というものがあります。[1] 色々な指標が取り上げられていますが、以下では、(一)暴力行為、(二)いじめ、(三)長期欠席、(四)中途退学、と四つに絞って現代の高校生について考えてみたいと思います。

まず(一)暴力行為ですが、発生学校率(学校内)は、小学校で一〇・五%、中学校で五〇・六%、高校で七・七%でした。次に(二)いじめは、認知学校率が、小学校で六七・四%、中学校で七八・九%、高校で十九・二%でした。次に(三)長期欠席者は全日制で一・三%、定時制で二九・五%でした(なお、小学校の不登校の出現率は〇・四三%、中学校の不登校の出現率は三・〇三%)。最後に(四)中途退学者は、全日制で一・二%、定時制で十一・八%でした。

こういった数字から高校は小学校、中学校よりは「問題行動」が少ないということが読み取れると思います。ただ、高校は入試で選抜されている関係で「進学校」や「進路多様校」が存在しており、「進学校」、「進路多様校」別に集計すれば、こういった数字は変わってくるかもしれません。また、小塩の自尊心のメタ分析によると中高生（中学生と同カテゴリーになっていますが）は、成人や高齢者よりも自尊心は低いという結果が得られているようです。[2] 高校では生徒の自己肯定感の低さは教師たちがよく感じていることですが、データ上でも裏づけられてるかもしれません。

現代の高校生の様子を記述してみると

授業としては成立しているのかもしれないが学びは崩壊しているのである。その現実は「進学校」と言われる高校でも「底辺校」と呼ばれる高校でも同様である。「進学校」では、生徒たちの半数は授業には参加しているが、教師の説明を聞き板書をノートに写しているだけで、まっとうに思考し探求しているわけではない。（中略）学びの主権者となって学問が批判的創造的行為であることを学んでいる生徒もいない。そのかたわらで三割ほどの生徒は「内職」をしている。（中略）そのかたわらには二割程度の突っ伏した生徒、あるいはおしゃべりや携帯に没頭していて授業に参加しない生徒たちがいる。彼らにとって授業は「休憩」でしかない。塾や予備校に備える「休憩」、放課後の遊びやアルバイトに備える「休憩」である。（中略）かつて「底辺校」の教室はおしゃべりが支配していた。（中略）近年「底辺校」の教室風景は変わってきた。今ではおしゃべりの生徒は数人しかいないし、突っ伏している生徒もわずかである。ほとんどの生徒は板書をひたすらノートに写している。

と佐藤は報告しています。[3]

これは時々教室を巡回している私の実感でもそんな感じがします（ただ学びが崩壊しているとまでは感じませんが）。私が勤務した高校には「進路多様校」も含まれていましたが、意外なことに、教室を立ち歩く、おしゃべりをしまくるという生徒はまったく見かけませんでした。もちろん少々のおしゃべりはありましたが、そういう生徒でも、なぜか板書だけはするという感じでした。あまりにも板書のときは静かになったり突っ伏している生徒も起き上がったりするので、高校の巡回相談員をしていたときは、学校側に「書く作業」を増やす工夫をされると良いかもしれませんと助言したほどです。

ここまでは授業に関することでしたが、次に生活態度に目を向けてみましょう。生活も「問題行動」に関しては、私が高校生だった頃よりは、沈静化している印象です。派手さがないともいえるかもしれません。全体的に「草食系」になっているのかもしれません。私は小学校や中学校でもスクールカウンセラーを経験しましたが、小学校や中学校と比較すると体感的には高校は「平和」だと感じます（前述した文部省の調査からも推測できるかもしれません）。冷静に考えると、小学生や中学生よりは大人なわけですから、当然といえば当然なのかもしれませんが。

スクールカウンセラーの仕事

さて、そのような現状の中、高校のスクールカウンセラーは、どのようなことをしているのかみてみましょう。平成二六年度東京都公立学校スクールカウンセラー任用予定者用手引には（職務）として、

（一）児童及び生徒へのカウンセリング、（二）カウンセリング等に関する教職員及び保護者に対

する助言及び援助、(三) 児童及び生徒のカウンセリング等に関する情報収集、(四) 児童及び生徒のカウンセリングに関し、配置校の校長及び配置校を所管する教育委員会が必要と認める事項

ということが記述してあります[4]。この枠は、他の自治体でも表現は多少違えどもほぼ同じなので、以下ではこれを踏まえて (一) 生徒、(二) 保護者、(三) 教師、と三つに分けて小学校や中学校とは違う高校の相談の特徴を考えてみたいと思います。

まず (一) 生徒についてですが、これは「進学校」と「進路多様校」では、相談の内容が異なる感じです。「進学校」では、アドラー心理学でいうところの仕事のタスク、つまり勉強にまつわる相談が多い印象です。ただこれも純粋な仕事のタスクというよりは自己タスクの様相が前面に出ているものが多いような感じです。例えば、「教室に入ると勉強がわからないので不安になります。なので教室に行けません」とか「頑張ろうと思うけど頑張れません」とかいうような感じのものです。一方で「進路多様校」では、交友のタスクや愛のタスクの比率が高い感じです。例えば交友のタスクとしては「グループに居づらくなったので教室に行きにくい」とか「○○さんとケンカしたので教室に行きにくい」といったものがあります。愛のタスクとしては、「彼氏彼女とうまくいかない」「彼氏が暴力をふるう」とかいうものです。あと、「進学校」でも「進路多様校」でも、愛のタスクとして親とどう付き合うかという問題は共通して出てくる感じです。どちらも「過干渉」な親との軋轢が問題になるようです。この辺りは小学校でも中学校でも同じような気もしますが、高校生の特徴としては力的にもほぼ大人なので、軋轢は口喧嘩にしろ反抗する行為にしろ「パワフル」になることが多いように感じます。

次に（二）保護者についてですが、こちらは小学校、中学校、高校とあまり違いはないように思います。おそらく不登校になったことに対しては、どの保護者も初めての経験になるため反応が共通してくるのかもしれません。また近ごろの保護者は共働きで母親も昼間は仕事にでかけていることが多く、来談するにも仕事を休むという手順をふまなければならない場合が多いのも特徴のように思います。また「進学校」になると、完全不登校とかではなく、ポツポツ休んだだけでも心配になって来談するケースがあります。なお、保護者に関しては、生徒の話によると「親が本気かどうかはわかる」ようで、劇的な変化があるケースに関しては、保護者の対応が本気になった場合が多いです。Q-Uで要支援群に入っている生徒で学校にきている生徒が共通して言うのは「行きたくないけど親が許してくれない」ということでした(5)。

最後に（三）教師ですが、こちらは小学校、中学校と比べて、高校は義務教育ではないので、本人次第だ、と考えている教師もいる感じです。もちろん、それで見捨てたり、手を抜いたりということではなく、あくまでもスタンスのようです。また昔に比べて、書類の量が数倍になった、という意見もあったり、もっと生徒と話す時間がとりたいという意見もあったりと、最近の多忙化の波及効果もあるようです。あと高校は教科ごとの職員室もあるため、小学校や中学校よりは、教師文化は「諸グループ独立分割型」となり易いかもしれません(6)。

スクールカウンセラーと普通のカウンセラーの違い

スクールカウンセラーと普通のカウンセラーとはどこが違うのかという疑問を持たれる場合もあるかと思いますが、最大の違いは「スクール」とついているように、あくまでも学校という組織の一員というところだと思います。例えば業務全般について管理職の方針に沿う必要があるということです。こう書くと何だか堅苦しい感じがしますが、別に「こうしろ、ああしろ」とか常日頃言われることはありません。しかし、管理職からこう動いて欲しいと言われた場合は、それに沿う必要があるということです。この辺がわからず、「でも、私はこうしたい」と自分の意見を曲げず、スクールカウンセラーを辞めてしまったり、契約が更新されなかったりするスクールカウンセラーもいるほどです。

また、カウンセリングそのものも、通常のカウンセリングとは若干の違いが出てきます。ある自治体の教育委員会の方の話の中で、以下の例が挙げられていました。「ある生徒がむしゃくしゃして窓ガラスを割ったとします。普通のカウンセリングであれば、共感的理解一〇〇%とかでもマルなのでしょうが、「スクール」カウンセラーは例え九九%の時間は共感をしたとしても、最後の一%の時間は「でも、それはいけないことだよね」という言葉を入れてください」、ということでした。つまり、前述したように、スクールカウンセラーは、あくまでも学校という組織の中に位置づけられて、カウンセリングも教育的な側面が入ってくるということになります。

ときどき教師や学校の「悪口」を言う生徒や保護者もいますが、そういうときでも、教師や学校の本来意図したことを伝え、教師や学校との連携をなるべく強めるのも「スクール」カウンセラーの一つの仕事のように思います。ここも「共感」をするあまり、教師や学校を全面的に「悪者」としてしまい連携を弱めてしまうスクールカウンセラーもいるようで、その場合も「スクール」カウンセラーの業務を果たしていないことになるかもしれません。

なお、学校からは、「病気レベルかどうか」、つまり、病院を紹介した方が良いレベルなのか、発達障害とかなのかを見立ててもらいたい意向が強いようです。もちろん、医師ではないため、診断はできないのですが、病院を勧めたり、勧める役割を期待される場合も多い印象です。アドラー派を自負するスクールカウンセラーであっても、精神医学の用語もさることながら、薬が効く症状（主なところでは、陽性症状、不安、抑うつ、睡眠不良、強迫症状、多動、あたりになると思います）は、きちんと勉強しておき、見立てを述べるさいに使用することになると思います。

アドラー心理学的には、「原因」は、強いて挙げると「勇気が発揮できていないこと」だけになるのですが、精神医学の知識も知っている必要があることになります。また、精神医学的な知識を持ちあわせていないと見立てとして「どうも勇気が発揮できてないようです」とだけ言うことにもなり、専門家らしくない感じになってしまう場合もあるからです。なお、では「勇気が発揮できていないようです」系の見立てが不評かといえば、そうでもなく、多くの教師たちは、その辺に気づいているようで「やっぱりね」という感じになる場合も多いことも付け加えておきたいと思います。どう伝えるかも、時と場合に依るというのは、ここでもあてはまることになります。

アドラー心理学の理論とそれにまつわる技法

さて、ここまで高校の現状のデータ、私の実感、そしてスクールカウンセラーの業務等を述べてきました。ここからは、私がどういった感じで、アドラー心理学を援用しているのかを述べていこうと思います。まずアドラー心理学の理論を振り返ってみましょう。アドラー心理学の理論は鈴木らの論を踏まえて再構成すると以下のようになると思います。(7)

一．主体論　個体が全てを決めている。

二．目的論　個体の行動には目的がある。
三．全体論　個体は分割できずそれ自体で全てである。
四．関係論　個体は他の個体と関係を持ちながら活動している。
五．認知論　個体は対象世界を意味づけながら活動している。

これらの理論は、別段「真理」というわけではなく、「こう考えてみると便利だよ」「解決の糸口が見つかるよ」という感じのものと考えるとちょうど良いようです。なお individual は「個人」と訳されることが多いですが、ここでは、より行動生態学的な意味合いを出すためにあえて「個体」としました。

では、カウンセリング場面では、これらの理論は、どういう風に活かされるのか、具体的に見て行きたいと思います。

主体論の概略

要するに自分が全て決めているということです。一般的な語り口で言えば、言い訳を認めないという感じです。これは未だにアドラー心理学独自の見解で、他の介入法、例えば、認知行動療法やブリーフセラピーなどにもない発想のように思います。例を挙げると、「親がうるさくて勉強できません」は「勉強したくないです」ということになりますし、「コミュ障だから友だちできないんです」は「友だちつくる気がないんです」という風になります。劣等コンプレックス（行動できない理由を持ちだして行動しないこと）を盾に一時退却している感じです。何だか厳しい見方ですが、裏を返せば、何かのせいにせず、ある意味で全て自分のせいにするので、どんな状況でも自分で行動に踏み切れることになり、とても便利な発想だと思います。

主体論の応用例

では主体論はスクールカウンセリング場面でどのように応用することができるのか具体例を述べてみたいと思います。まずスクールカウンセラー側からの生徒への見方に使用すると便利なように思います。例えば、ある生徒が長期欠席になったとします。生徒本人は「クラスが嫌だ」とか「先生が嫌だ」とか「行こうとすると不安になる」とか「行こうとするとお腹が痛くなる」とか「行こうと思うけど起きれない」とか言っていたとしても、主体論的な解釈では、ただ単に本人が行かないと決めているだけということになります。何だか厳しいような解釈かもしれませんが、「クラス」とか「先生」とか「不安」とか「腹痛」とか「起きれない」とかいう「原因」の候補を考えなくて済む上に、「原因」を取り除くことができなくても、生徒本人が行くと決めるだけで良いということで、解決の糸口がわかりやすくなる利点があります。ある意味で生徒本人が「原因がわからない」というパターンにも主体論的解釈ならば適用できるわけです。ただし、前にも少しだけ触れましたが、妄想などの陽性症状、落ち込んだ気分、不安、睡眠不良、強迫症状、多動等に関しては、薬が開発されているので、症状があまりにも強い場合には、精神科や心療内科にリファーして、薬を援用して主体性を発揮しやすくするという援助は選択肢として考慮にいれておいた方が良いように思います。

さて主体論を応用した技法はどのようなものがあるでしょう。私が実際に使っているものをご紹介したいと思います。強いていえば「主体的選択技法」とでもいえる技法かもしれません。例えば、クラスで押しの強い友人と一緒にいるものの我慢することが多くストレスになっているケースがあるとします。そういう場合には、まずじっくり話を聴いたあとで、「う〜ん、この場合、相手を変える、自分を変えるという二パターンがあるように思うんですよね」と切り出して、「どのパターンが良さそうでしょうか」という風に、とりあえず二パターンを提示し選んでもらうという技法を使うことが多いです。生徒によっては、第三の選択肢「時が過ぎるのに身を任せる」という選択肢を加える場合もあります。この場合は、かなりおとなしい感じの生徒に提示することが多いように思います。逆に二択を提示するのは、主張性が普通かそれ以上の場合になります。

興味深いのは、おとなしい子の場合は「時が過ぎるのに身を任せる」になる場合が多く、主張性が普通かそれ以上の子の場合は「自分を変える」を選ぶことが多いようです。前者の場合でも、それはそれとして認め、時期を見計らって「自分を変える場合だったら、どうしましょうか」とこちらから切り出して、最終的には「自分を変える」の選択肢を一緒に検討することにしています。

目的論の概略

これもアドラー心理学っぽい考え方で「個体の行動には目的がある」ということです。この場合、行動とは通常イメージするような「学校に行かない」とかいう行為のことだけではなく、「私は頭が悪いから勉強ができない」という思考や、不安や抑うつとかの感情も含んでいるところがポイントになると思います。もちろん、それらが原因と考えても良いわけですが、そう考えてしまうと、目的論を採るよりは介入がしにくくなるというところが大きいようです。認知行動療法は思考や感情が原因で行為が出てきているというモデルですが、第三世代の認知行動療法と呼ばれるものは、思考や感情の機能、つまり目的を考えるようになってきており、アドラー心理学に近づいてきていると言えるかもしれません。心理学の論文のフォーマットをご存知の方であれば、論文が、問題と目的、方法、結果、考察という構成になっていることを知っていらっしゃるかもしれません。アドラー心理学もこのフォーマットに近い感じでアセスメントをするイメージで考えてみるとわかりやすいかもしれませんん。問題が主訴にあたり例えば「何だかわからないけど学校に行けない」、目的が回避（勉強がわからない、友だちがいないなど自己価値が脅威に晒されるのを避ける）、方法が「学校に行かない」、結果が「自己価値が脅威に晒されるのを回避できて自己価値を維持できる」という感じです。なお、前でも触れましたが、アドラー心理学で一つだけ「原因」を挙げるとすれば「勇気を発揮できていない」ことだと考えると、複雑な「原因」を考えなくて済むので便利かもしれません。

目的論の応用例

では目的論はスクールカウンセリングの場面でどのように応用することができるでしょう。以下では「ポジティブ目的構成」という技法をご紹介しようと思います。これまでアドラー心理学の目的論は、目的をいわゆる回避目標として解釈することが多かったように思います。例えば、学校に行きたくないのであれば、先生が嫌だとか友だちができないとかいう劣等コンプレックスを持ちだして、自己価値が脅威に晒されるのを回避することを目的にしているという感じです。確かに一面ではそういう面もあるとは思いますが、また一方ではポジティブな面も持ち合わせているように思います。例えば、課題が終わらないので、学校に行きたくないということがあったとすると、その課題をやろうとしている目的はあるわけです。とすれば、根本的な目的は課題をやろうとしていることになります。

課題はやろうとしているけど、その手段である課題をやるというところが、完璧にやろうとしていたりする方法を採っているために、課題をやるという目的が達成できないということになります。また、友だちと口論になった場合も、アドラー心理学的には、勢力争いが目的になっていると解釈したりすることが多いのですが、これも、実は、根本的には、「思いを伝えたい」という目的があって、その手段が口論という感じになっており、ここも目的は善だけど手段は不適切という感じになっているとみなすことができるように思います。まとめると、行動の目的は善だけど方法が不適切だと解釈すると、臨床的には介入がしやすくなるように思います。前述した課題の例で言えば、「課題を完璧にやろうとするのは良いことだと思います。何事も完璧にするのは良いことですしね。ただ、この場面では、それがマイナスになっていると思うんですよ。どうでしょう。とにかく不完全でも課題を提出してみませんか」と提案できますし、口論の場合でも「そもそもそういう思いがあったんですよね。それは間違いではないとは思うんですよ。ただきつい言葉を使って伝えてしまったのが、ややこしくなった原因かもしれないですね」と提案できます。目的は客観的な事実としてあるわけではないので、リフレイミングではないですが、それならば、ポジティブな目的を構成してしまうと便利という感じです。臨床場面ではポジティブな目的を感じとれるようになると色んな場面で応用が効くと思います。

全体論の概略

全体論は、個体は分割できずそれ自体で全てであるという考え方です。言い換えると思考と感情、意識と無意識、心と身体は矛盾していないということです。車でいうと、アクセルとブレーキは矛盾しているように見えますが、実は車という機能の中で分業しているだけとなります。例えば、「学校に行こうとは思っているんですが、起きれません」とか「何か言われるとついカッとなって手を出してしまうんですよ」とかいう状態はないということですね。では、どこに統一性が出ているのかといえば、言葉を消して行為に注目すれば、それが個体が出している結論ということになり、矛盾はないということになります。

全体論の応用例

これは、主体論、目的論、後に述べる関係論のところでご紹介する技法が使えるので、あまりこれ独自の技法というのはありません。強いて言うならば、「全体論的態度」のようなカウンセラー側の構えが技法になってくるのかもしれません。またそういった意味でも「言葉を見ないで行為を見る」という視点がアセスメントには使えるかなとは思います。ただこの見方は、カウンセラー側のスタンスが、生徒の行為を「逃げているな」と見るか生徒の話を「理解しよう」とするかで、カウンセラーの言葉や態度が違ってくるように思います。全体論的態度の成否はカウンセラー側の共感にかかっているのかもしれません。

関係論の概略

アドラー心理学の関係論は個体は他の個体と関係を持ちながら活動しているという考え方です。これは、心理学の一部ではアプローチの仕方が、行動主義的アプローチ、認知主義的アプローチ、そして社会文化的アプローチへと変遷しているのですが、アドラー心理学は、社会文化的アプローチに近い感じです。不安や悩みは、個体の「頭の中」「心の中」にあるのではなく、個体と対象の間にあるというアプローチです。

関係論の応用例

では関係論はスクールカウンセリングの場面ではどのように応用することができるでしょう。これはアドラー心理学でよく取り上げられる論理的結末という技法がとても便利なように思います（もちろん課題の分離も）。例えば「いくら学校行きなさいと行ってもいかないんです」と言う保護者に「では、このまま行きなさいと言い続けたとしてどうなるでしょうか」という技法です。ただ私の場合は、直接的にそういう場面は多くなく、たいていは「ではそういう代わりに一週間だけ黙ってみてはどうでしょうか」とか「とりあえずお子さんにどうして欲しいか聞いてみてはどうでしょうか」と話し合いを持ちかけることが多いように思います。もちろん、その逆に「学校行きなさい」と言うのを諦め、黙って見守る状態になっている保護者には、「ずっとそのまま見守っているとどうなるでしょうか」と問うのが論理的結末だと思いますが、私の場合は、そろそろ「学校行きなさい」と言っても良いのではないでしょうかと持ちかける場合が多いように思います。ただ高校生ともなると、小学生とは違って、そう簡単に事態が改善することは少ないので、その場合は、保護者の「長期戦」に備えて、保護者自身のセルフケアを一緒に検討することが多いように思います。保護者への勇気づけということになるかもしれません。

認知論の概略

認知論は、昨今では、認知行動療法が隆盛ということもあり、技法は豊富に揃っている感じです。

ただアドラー心理学の認知論は、認知行動療法の認知論と若干違っていて、認知療法の認知論は、状況が原因で認知が結果という感じで受動的ですが、アドラー心理学の認知論は、個体が状況に能動的に意味づけしているという立場を採るので、カウンセラー側としては、生徒を「犠牲者」と見なさなくて済むという利点があります。

認知論の応用例

認知論の応用例は、認知療法の技法がそのまま使える感じなので、特に取り上げることもないのかもしれませんが、導入のポイントとしては、ここまでの理論がどれも使えない場面、つまり、打つ手がないので、行為に対する代替案が出せないときに最終手段として使うと良いと思います。例えば、どうしても嫌われている感じがする、という場合を考えてみましょう。主体論、目的論、全体論、関係論のアプローチが受け入れてもらえない、または、使いようがない場合は、私は、認知療法の三カラム法のように紙に状況としてメールの返信が来ない状況を設定し、感情として落ち込むということを書きます。そして、「落ち込むときどんな考えが頭に浮かんでいますか」みたいに聞き、状況と感情の間にある考えのところを一緒に考えます。「嫌われた」と思うと出てきたら、それを紙に書き、「ということは、どう考えたら落ち込まないでしょうね」という風に聞いて、一緒に考え方を検討してみます。何も思い浮かばないときは、こちらから「忙しいのかも、と考えたらどうでしょうか」と提案して、落ち込まない考え方の例を完成させます。その例を体感した後に、主訴に応用する感じです。もちろん、それと並行して、ブリーフセラピーの例外質問ではないですが、主訴の状態でも落ち込まない場合を思い出してもらい、考え方を工夫するか、例外質問で思い出した、気そらしができた状態

（例えばスマホをいじると考えなくて済むとか）に自身をもっていってもらうようにします。

ライフタスクの概略

ライフタスクの話に移りましょう。ライフタスクという考え方は、スクールカウンセリングの文脈では知っているとアセスメントのさいに便利なので、触れておきたいと思います。ライフタスクとは、向後によると、

アドラー心理学は生きる上での課題を「ライフタスク」と呼んでいます。ライフタスク、つまり、人生の課題ということです。どんな人にもライフタスクは少なくとも三つあります。それは「仕事・交友・愛」の三つのタスクです。(8)

ライフスタイルとの関連で言うと、ライフタスク×ライフスタイル＝行動（思考、感情、行為）という図式ですね。なお、ライフタスクは、タスクなだけに生きている限り存在することになります。

ライフタスクの応用例

これは特に「あまり相談する気がない生徒」とか「無理やり連れて来られた生徒」とかの場合に使い勝手が良い技法です。特に特殊な技法というわけではありませんが、意識して使うと便利なような気がしますので、「ライフタスク得点化技法」として、ここで紹介したいと思います。

例えば教師が何か気になる点があり、相談を勧められて来た生徒であまり相談する意欲がない場合

があるとします。そういう場合はまず「先生は何で勧めたのか心当たりはありますか」みたいな話を切り出し、「じゃあ、少しだけお聞きしても良いですか」と続け、「勉強はどんな感じですか、プラス五点からマイナス五点までで点数をつけてもらえますか」と続け「友だちとはどうですか、プラス五点からマイナス五点までで点数をつけてもらえますか」と続け「ご家族とはどうですか、プラス五点からマイナス五点までで点数をつけてもらえますか」と続け「彼氏さん（彼女さん）とはどうですか、プラス五点からマイナス五点までで点数をつけてもらえますか」（いない場合は好きなタイプなど）とライフタスクごとに聞いていく方法です。スクールカウンセリングの場合は、これに部活のこと、将来のことも聞くことになります。最後は「では全体的には何点くらいですか」と聞き（このときには言わなくてもマイナス五点からプラス五点で採点してもらえます）、「この全体得点に一番影響しているのはどれでしょうか」と聞いて一段落することになります。もちろん焦って連続で聞いてしまうと嫌がられる可能性があるので、ゆっくり聞いていき、反応が良いところは長めに話すと良いように思います（もちろん、生徒の気が進まないときは途中でも打ち切ります）。これは、インテーク場面でも、聞き漏らしを防ぐのにも便利なように思います。各ライフタスクの得点が低くても全体得点は良かったりしますし、逆に各ライフタスクの得点が高くても全体得点が低い場合もあり、その場合は何か他のタスクが影響していることがありますので、再度検討してみると良いでしょう。

勇気づけ

いろいろご紹介してきましたが、アドラー心理学のカウンセリングですので、基底には勇気づけが流れているのがアドラー心理学らしいカウンセリングになると思います。ただ、勇気づけも、生徒によって勇気づけになる対応が違ってくるため、その辺の勘が「臨床の知」となってくるかもしれません。しかし、相談に来るような生徒の場合、「頑張っているところを認める」という対応が勇気づけになる場合が多いように思います。次に勇気づけになるのは「何気ない会話」かもしれません。そんなものカウンセリングじゃないじゃないかという見方もありますが、相談に来るような生徒の場合、友だちとも家族ともなかなか「何気ない会話」をする機会がないようで、それ自体が勇気づけになるようです。私の中では勇気づけは「ほんの少しだけエネルギーを創り出す」みたいなイメージであり、そのくらいのイメージの方が、スクールカウンセリングの場合、ちょうど良いように感じています。

共同体感覚

ここまでアドラー心理学の理論と私なりの技法を紹介してきましたが、最後にアドラー心理学の思想である共同体感覚に触れておきましょう。共同体感覚は感受概念のようなものなので定義が難しいところですが、共同体感覚について野田は、「これはみんなにとってどういうことだろう。みんながしあわせになるために私はなにをすればいいだろう」と考えることである、と定義しています。また「私がしあわせになるために私はなにをすればいいだろう」と考えること、を自己執着と定義しています[9]。また、内田によると、

> 今の子どもたちと、今から三十年ぐらい前の子どもたちの間のいちばん大きな違いは何かというと、それは社会関係に入っていくときに、労働から入ったか、消費から入ったかの違いだと思います。僕たちが子どものころ、（中略）子どもの社会活動への参加は、まず労働主体として自分を立

ち上げるというかたちで進められたと思います。社会的能力のない幼児が、成長していく過程で、社会的な承認を獲得するために何をしたかというと、まず家事労働をしたわけです。[10]

ということで、現代の高校生もいわば、労働主体（ギブをすること・共同体感覚）ではなく消費主体（テイクをすること・自己執着）から立ち上がっている可能性が高いです。ということは、アドラー心理学でいうところの共同体感覚の基本である貢献感を持てていない可能性があるばかりか、役に立てる幸せを感じる機会も少なかった可能性もあります。そのような中、以下では、自己執着を共同体感覚に変化させる契機になりそうなクラス会議を取り上げてみましょう。

クラス会議

クラス会議とはどのようなものかみてみましょう。赤坂によると、

クラス会議ってどんな時間なのでしょうか。とても簡単に言えば、「子どもたちが生活上の問題を議題として出し、クラス全員で解決策を探す」そんな時間です。つまり、話し合いの時間です。学級会をイメージしていただければわかりやすいと思います。しかし、それは相手を論破し言い負かすようなものではなく、わかり合い、協力し、双方が納得する答えを見つけ出す民主的なものです。民主的な話し合いは、優れた教育の場です。[11]

というものになります。前述したように最近の子どもたちは、他者に貢献する機会が構造的に少ない

状態に置かれている可能性があり、クラス会議は、そこを補う一つの方法になる可能性があるように思います。スクールカウンセラーと協同して解決策を探すのが典型的なスクールカウンセリングだとすれば、クラス会議はスクール・ピア・カウンセリングとして学校現場で機能する可能性を秘めていると思います。アドラーは、治療よりも予防が大事だと言っています[12]。クラス会議を日常的に組み込むことで、生徒一人ひとりが貢献する場を作り出し、またその事によって日本の教室では低い状態にあるとされる居場所感を増やすことにも繋がるだろうと思います[13]。

教室復帰に対しては、ことクラスメイトの力が大きく、クラス会議が、クラス間のつながりを強め、長期欠席の予防にもなると思います。またクラス会議を行うことで、共同体感覚を高め、シティズンシップ教育の三つの構成要素である、社会的・道徳的責任、社会参加、政治的教養の基礎を築き、市民性の育成も同時に行えるかもしれません[14]。

まとめ

高校生におけるスクールカウンセリングを概観してみましたが、みなさんはどのような感想をもたれましたでしょうか。高校生の最大の特徴は、小学校や中学校とは違って、自己理解が進んでいて、自己コントロール力も付いているところのように思います。なので、内省を促す対応とかも、小学校、中学校よりはやりやすい感じです。

私はスクールカウンセラーとして一〇年くらい高校生と付き合ってきましたが、長期欠席にしろ暴力事件にしろ、それを起こした生徒は、カウンセリング場面では、とても素直で良い感じの子ばかりでした。また、教師たちも、多忙化やバーンアウトが言われて久しいですが、それぞれ生徒想いの教師が多く、教師生活を楽しんでいらっしゃいました。そのような中で、スクールカウンセラーは何ができるのだろうと時々考えることもあります。最近は、スクールカウンセラーとしてできることは「何気ない時間を一緒に過ごすこと」なのかなと思っています。相談に来るような生徒たちは、それが一番の勇気づけになり、小さな一歩への勇気になっているような気がします。もちろん、「スクール」カウンセラーなので、前述したようにダメなことはダメと伝える必要がありますし、学校に行かなくても良いということは言える立場ではありません（もちろん、急性の場合は「少しだけ休み」という感じで一時的にはそれに近いようなことを提案することもありますが）。ただ、そのようなことを含めても、何気ない時間を過ごすというのは、勇気づけに繋がるのかなと思います。アドラー心理学なので、なにやら代替案を出さないととか、不安階層表を作って段階的な教室復帰をとかを考えてしまいがちですが（繰り返しますがそれはもちろん大事です）、勇気づけには、生徒に応じて多彩な形があるということだけは忘れないようにしたいところです。最後に、アドラー自身の言葉を添えて終わりにしたいと思います。

一般的な規則は、私が創始した個人心理学が立てたものでさえ、個人がそこに見出され、あるいは、見失われることのある視界を一時的に照らすための補助手段以上のものであってはならない。[15]

【文献】
（1）文部科学省、「平成二五年度「児童生徒の問題行動等生徒指導上の諸問題に関する調査」結果について」、

http://www.mext.go.jp/b_menu/houdou/26/10/1351936.htm、（二〇一五年八月九日）

（2）小塩真司他、「自尊感情平均値に及ぼす年齢と調査年の影響――Rosenberg の自尊感情尺度のメタ分析」、「教育心理学研究」、第六二巻第四号、二〇一四年

（3）佐藤学、「高校改革の課題」、（佐藤学他編、『授業と学びの大改革「学びの共同体」で変わる！高校の授業』）、明治図書、二〇一三年、一〇～一一頁

（4）東京都教育庁指導部　平成二六年度東京都公立学校スクールカウンセラー任用予定者用手引、二〇一四年

（5）河村茂雄、「Q-U　Questionnaire-Utilities　楽しい学校生活を送るためのアンケート」、図書文化、http://www.toshobunka.co.jp/examination/hyper-qu.php

（6）秋田喜代美、「授業研究による教師の学習過程」、（秋田喜代美他編、『授業研究と学習過程』）、放送大学教育振興会、二〇一〇年、二二一頁

（7）鈴木義也・八巻秀・深沢孝之、『アドラー臨床心理学入門』、アルテ、二〇一五年、三〇～八七頁

（8）向後千春、『アドラー心理学〝実践〟講義 幸せに生きる』、技術評論社、二〇一四年、一五〇頁

（9）野田俊作、『Passage Plus version 2.0』、日本アドラー心理学会、二〇一四年、一一-L頁

（10）内田樹、『下流志向――学ばない子どもたち 働かない若者たち』、講談社、二〇〇九年、四五～四六頁

（11）赤坂真二、『赤坂版「クラス会議」完全マニュアル――人とつながって生きる子どもを育てる』、ほんの森出版、二〇一四年、二一頁

（12）Individualpsychologie der Schule, Fischer Tashenbuch Verlag, 1973 [Original: 1929], S.29

（13）（6）一五頁

（14）バーナード・クリック他、鈴木崇弘他訳、『社会を変える教育　Citizenship Education――英国のシティ

ズンシップ教育とクリック・レポートから』、株式会社キーステージ21、二〇一二年、一七五頁
(15) アルフレッド・アドラー、岸見一郎訳、『生きる意味を求めて』、アルテ、二〇〇七年、三頁

第7章　「早期回想」を使った女子高校生のカウンセリング

夏見　欣子

涙

アルフレッド・アドラーは「涙の力（ｗａｔｅｒ　ｐｏｗｅｒ）」と表現し、「涙」を流す当人が最も欲しいものは人々の注意であり、彼らは涙とかんしゃくとで欲しいものを手に入れようとして我を通すと言っています。

例えば「泣いた者勝ち」という言葉があります。相手から無理な要求を頼まれ、こちらはやんわりとお断りしているのになかなか聞き入れてもらえず困ったという経験はないでしょうか。結局、埒があかないのでこちらから思い切ってきっぱり断ったら、相手に泣かれてしまいさらに困ってしまった。また、第三者からも「泣かせた人」「泣かされた人」と見られそうでなんだか周りからの目も気まずく感じた経験はないですか。

このように、私たちは他者の「涙」を見ると、自分の心にも情動が生まれます。「涙」は相手の心に作用し相手との関係に影響を及ぼす力があります。

筆者が子どもの頃、大人が「泣くな！　泣いてことを済ませられると思うな！」と、泣いている人を叱責している場面に出会ったことがあります。叱責が「良い」か「悪い」かという話は、本題から外れてしまうのでここでは割愛しますが、なぜ「叱責したのか」ということに注目してみましょう。目的論のアドラー心理学では、行動だけでなく「涙（哀れ・悲しみ）」や「叱責（怒り）」などの情動も特定の相手役を想定して、ある目的のもとにつかわれると考えています。過去の出来事なので、叱責していた人が誰だったかも忘れてしまいました。今、筆者は、その方に直接聞いてみることはできません。でも、誰しも何かしらの推量をすることはできます。筆者は次のように考えました。

「人々の注意を集め、我を通す。という目的のために「涙」を使うことを禁止し、それは駄目なことだと「しつけ」や「教育」をしたいという目的があったのではないだろうか」と。読者のみなさんは、どのように推量しますか？

A子との出会い

スクールカウンセラー（以下、SC）をしていると、カウンセリング場面だけでなく、学校の日常生活場面でもいろんな「涙」に出会います。児童生徒、保護者、教職員の「涙」が他者の情動を動かしている場面を目にすることができます。

「涙」から出会ったA子の事例を紹介します。A子は、筆者がSCとして週に一回勤務している公立高校の生徒です。昼休みも終わり、5時間目の予鈴は過ぎていました。もう5時間目が始まろうとしています。A子は、情緒不安定な状態で友人二人に連れられて、相談室にやってきました。最初、彼女達は保健室を訪れたようです。しかし、その時、養護教諭が保健室の隣の相談室で筆者と話をしていました。

彼女達が養護教諭を探し相談室を覗いた時、筆者は初めてA子とたまたま出会いました。A子は高校生とは思えない、小さい女の子が泣きじゃくるような泣き姿を私達に見せていました。付き添いの友達二人は、そんな情緒不安定なA子を保健室で休ませようと思っていたようです。

筆者は、A子達が養護教諭を訪ねてきたのにも関わらず、咄嗟に次のように介入をしました。付き添いの友達には、とりあえず教室に戻るように伝えました。それから、筆者はA子に話しかけました。

「私は、あなたの泣き方が気になります。いつもそんなふうに泣くのですか?」

「はい、いつもこんな泣き方になってしまうのです。止めようとしても止まらないのです」

とA子は泣きながら答えました。

「止めようとしても止まらない……困りましたね。何があったのかは、わかりませんがその泣き方だとこれから高校生活を送るにしても、卒業して社会に適応するのにしても、大変ではないかと思います。カウンセリングを受けた方がいいと思われます。一度、日を改めてお話を聞かせてくれませんか」

筆者は、A子にカウンセリングの必要性を伝えました。

その日は、一旦、その場からA子と養護教諭は保健室に移動しました。三〇分ほど保健室でゆっくりしたのでしょうか。A子は教室に戻りました。A子に付き添った養護教諭は、筆者の所に戻ってきました。保健室で、A子からクラス名と名前を確認した養護教諭は、筆者に次のように尋ねました。

「先生。なぜ、わかったのですか?　実はあの子、先日生徒指導を受けた生徒です」

A子は数日前に不適切な行為をしてしまい生徒指導を受けたところでした（守秘の観点から、不適切な行為と生徒指導内容は省かせていただきます）。

本校は、地域に密着した伝統ある公立の進学校です。運動部も文化部も活動が活発で生き生きとした生徒が多く、近隣校と比べると生徒指導件数も少なく落ち着いた学校です。教職員と管理職の連絡もきちんとされています。学校全体で一人一人の生徒の動向をきちんと把握しようと努めているのがうかがえます。養護教諭と筆者は、管理職からA子に対して「表面だけの生徒指導の仕方で本当に良かったのだろうか」という相談を数日前にうかがっていました。しかし、うかがっていた内容はそれだけで、筆者達は、その生徒と先ほど初めて出会ったA子とが同一人物だとは認識していませんでした。

A子は、外見は控えめな落ち着いた雰囲気と顔立ちをしています。制服もきちんと校則で規定されているとおりに着用している生徒です。生徒指導を受けるような女子生徒には見えません。なのに、カウンセラーである筆者が、A子の何を感じて瞬時に介入の判断としてとらえたのだろうかと養護教諭は不思議に思ったようです。筆者は養護教諭に、

「A子本人の泣き方が年齢相応でないということ」「A子だけでなくA子の情緒不安定に感化された同級生も、授業が始まるという状況の中でA子に付き添い保健室に連れて来たという行動が一般の高校生より幼く違和感があること」

と以上二点だけ伝えました。

情緒不安定になった生徒を保健室や別室で休ませるという対応は校種を問わず学校現場で見られることです。心の安定した人に側についてもらう。守られた場所で休息する。すると、不安定だった情緒は落ち着きをみせます。しかし、これは対処法であり不安定な症状が一旦落ち着いたということだけです。根本的なことは何も改善されていないままです。情緒不安定になり、授業中に別室で過ごす、という体験をするだけでは、症状を使って、他者に「甘える」という体験を学んだだけで終わってしまいます。進歩どころか助長させてしまうこともあるわけです。根本的なところにどう教師が適切な

関わりをして、児童生徒の心の成長を促進させるかを考える必要があります。教育現場では、学校臨床を生かし一人ひとりに適切な再教育をする必要があります。相談にみえられた管理職は、「表面的な生徒指導の仕方でなく……何かしてやらなければいけないことがあったのでは」と何かに気づかれていたのではと思われます。

アドラー派は一般的に、自分たちの仕事を「病人」の治療とは見ず、むしろ無知な者を教え、自分を見失ってしまった者たちを導き、落胆してしまった者たちを勇気づけることと見ています(1)。

また、アルフレッド・アドラーの弟子であるルドルフ・ドライカースは、アドラー派のセラピストの4つの目標を次のように表しています。

1、「良い関係」を打ち立てること
2、クライエントの私的な論理と隠された目標を発見すること
3、クライエントが前記のことを洞察するのを助け、よりよい理解に導くこと
4、クライエントがよりよい目標を発見するのを助け、再方向づけをすること(2)

筆者は、A子達と出会った瞬間に、上記の4つの目標をイメージできました。彼女に『勇気づけ』ができると判断し介入を試みたのです。養護教諭からA子が不適切な行為をしてしまい生徒指導を受けた生徒であると聞き、さらに筆者はA子に『勇気づけ』の必要性を感じた自分の感覚に確信を持ち

ました。

人間の行動には、必ず「わけ」がある。「わけ」には二つの側面がある。一つは「原因」であり、もう一つは「目的」です。(3)

多くの心理学では、「人間の行動には原因がある」と考えます、「A子は何があって泣いているのだろうか?」「何が、こんなにまでA子を情緒不安定にさせているのだろうか?」「どういう生育歴を誰と歩んできたのだろうか?」「B子、C子とは何があったのだろうか?」というように、何らかの結果を引き起こした原因を探ります。ところが、目的論であるアドラー心理学ではこのように考えません。「A子は、誰に、何を訴えようとして泣いているのだろうか?」「A子は泣くことで何を得ようとしているのだろうか?」「泣いているA子を連れてきたB子、C子は何になろうとしているのだろうか?」

アドラー心理学では、その人特有の生き方のスタイルを「ライフスタイル」と言います。一般的に「ライフスタイル」という言葉は、「生活様式」と訳され、マーケティング用語として使われることが多いです。しかし、アドラー心理学では、その人の目的に向かう「動きの線」、動的なパターンです。「文体」のようなものという言い方もあります。ライフスタイルをとらえるためには、「その人のその行動の目的は何か」「自分自身や周囲の人々に対してどのような見方をしているか」「その目的を達するために、何を使っているか」「特に症状や問題行動は、どの目的のために、誰に対して、どのように使われているか」[4]

つまり、①「A子が、小さい子どものように泣く涙には目的がある」②「泣いているA子を保健室に連れてきた二人の友達B子、C子にも目的がある」と考えるのです。①は情動の目的、②は行動の目的として同時に三人の間に起きているのは何かと考えます。もちろん三人には何かしらのキッカケはあるかもしれませんが、カウンセラーは一旦それを棚上げします。目的に目を向けます。「A子なりにも、B子やC子なりにも無意識的な目的がある」と、そして彼らの目的の相手役は誰かを推量するのです。

ライフスタイル調査法を用いて基本的信念を探り出すのは、その手順をマスターしさえすれば比較的容易である。クライエントのライフスタイルをなしている基本的信念を発見する最初の鍵は、クライエントに対するセラピスト自身の反応を吟味することである。[5]

セラピスト自身の反応を吟味するとありますが、この部分をB子、C子と置き換えてもA子のライフスタイルは見えますし、養護教諭と置き換えても見ることができます。学校の中をぶらぶら歩きながら学校全体を眺めていると、日々の日常の中に大なり小なりの「何かが起きている」瞬間に出会います。その瞬間、瞬間にその人の「生のライフスタイル」が見えてくるところに、筆者は最近注目しています。

そしてA子からB子やC子にだけでなく、B子やC子からもA子にと、それぞれにそれぞれの「目的」

が絡み合い、それぞれに操作しあっています。それは、人と人とで作用しあう心理の複雑系でもあり、人間の面白さを感じるところでもあります。カウンセリングルームでクライエントとカウンセラーとして二人で出会うだけではなく、ＳＣは学校の日常現場でこの視点を持ち、「今」この瞬間、生徒達や教師間で何が起きているかを見立て説明できると、学校現場で生かされる臨床を提供できるのではないでしょうか。

「早期回想」を使ったカウンセリング

Ａ子とのカウンセリングがスタートしました。カウンセリング構造は、対面式・二週間に一回の五〇分・放課後に実施しました。以下にカウンセリングの流れを記します（＃数字は、カウンセリング回数。「　」はＡ子の、〈　〉は筆者の発言）。＃1〜＃4を第一期、＃5〜＃9を第二期、＃13〜＃15を第三期、に分けてそれぞれの期ごと最後に筆者なりの考察を入れます。

【第一期】

＃1

事前にカウンセリングの日時を、ＳＣである筆者から提示しました。Ａ子は緊張した面持ちではありますがきちんと指定された時間に相談室を訪れました。目の前に座ったＡ子は、顔にはマスクをしています。対人緊張があるのか、すぼめた肩、落ち着かない目線、こわばった表情と光の差さない顔色、筆者と目が会った時に少しの笑みもあらわしません。言葉もほとんどでなく、なかなか二人の間では会話がはじまりませんでした。筆者の方からＡ子に話を振ることにしました。

〈カウンセラーの印象はどんな印象を持っていますか？　ここへ来るときはどんな気持ちで来ましたか？〉

「怒られる……と思ったのでどきどきしながら来ました」

〈そう、怒られると思いどきどきしながら〉

〈どうして、あの時泣いていたのですか？〉

「小学校の時からの付き合いのある一番の仲のいい友達に、「みんなとうまくやっていくためには、はっきり思っていることを言わないとダメでしょ」「あなたのそこを治さないと」と言われたのです。（友達は）私のことを思って……。私のためを思って……。私がクラスメイトや人とうまくやっていくために必要なことを言ってきてくれているのはわかるけど……」と涙を流しながら語りました。

〈涙が流れてきましたが……〉

「思い出して」

〈思い出して……って、どんな気持ちなんでしょうね？〉

「……」

〈うまく、語れませんか？〉

「はい……」

〈お友達は、きびしいですね……〉

「ああ、いいえ、私のことを思って言ってくれているんでしょうけど……」

〈そう……〉

「それを言われると　余計につらくって……。（涙）」

〈そうね……〉

カウンセリングの最後に筆者から尋ねてみました。

〈初めてのカウンセリングを受けてみて、どうでしたか？〉

「来るときは、「怒られる」とビクビクしていましたが、「怒られなかった」ので……少し楽になりました」

＃2

筆者はA子との関係が良好で信頼しあえる絆を深めるために、A子が先日不適切な行為をして生徒指導を受けたことを管理職や養護教諭からうかがって知っている事を、A子に正直に伝えました。そして次のような質問をしました。

〈生徒指導を受けてしまうようなことをしてしまったこと、また生徒指導を受けたことに対しては今どう思っているのですか？〉

A子の心情は、はっきりと伝わってきません。A子は、それについてあまり語りたくないのか、それとも心情を言語化出来ないのか筆者にわかりません。

A子は、ただ

「母親に、怒られる……かと思ったが、怒られなかった……。だからほっとした」

とだけ語りました。

一回目のカウンセリングでＡ子は、カウンセラーに「怒られる……」かもと気にしていました。そして一回目のカウンセリングの最後の感想も、Ａ子はカウンセラーに「怒られなかった……」と語りました。Ａ子から「怒られる」「怒られない」というキーワードが浮かび上がってきました。

筆者はＡ子のことをもっと知りたくなりました。

〈お母さんに、怒られるかなって思っていたんよね。怒られる……？ってどういうことかな〉

「母親は、不安定な人であるから」

〈不安定な人？　例えば……〉

「感情的に怒る人だから」といい。それから、Ａ子は、自身の小学校５年生の頃のエピソードを語りだしました。Ａ子は男の子と遊ぶほうが気兼ねなく遊べたそうです。女の子同士では、何かお互いにぎくしゃくして、無視されたり、いじわるをされたり、陰口を言われたりして関係がうまくいかなかったようです。Ａ子は、どう女の子達とつきあっていったらいいのかわからなくなり困った話を母親にしたそうです。すると母親は、小学校の担任に「Ａ子から聞いた女の子達との話」を苛立ちとともに伝えたそうです。母親は担任の先生と懇談をしたそうです。担任から学校でのＡ子の様子を聞かされた母親は、泣きながらＡ子に「早く気づいてあげられなくてごめん」と言ったそうです。それ以来、Ａ子は母親が情緒不安定になるのではないかと心配して、母親に何か相談事を言うのは抵抗があると語りました。これだけでも充分早期回想としてとらえられますが、筆者は、もう一つきちんと彼女の早期回想をとろうと試みました。

＃3

早期回想①『幼稚園の時、遊びに出かけて帰ってくる時、迷子になってなかなか家に帰れなく凄く不安定になった。あたりは暗くなってくる。やっと自宅の近くの雰囲気と思われる所にたどり着く。門限の時間は疾うに過ぎている。父親は私を外に探しに出かけていた。母親は私の帰りを家で待っていた。家にたどりついた私に母親は泣きながらすごく怒った』

＃4

早期回想②『父親と弟と私とで買い物に行った。母親に頼まれた物をスーパーに買いに行った。ジャムを頼まれていたのだが、父親がこのジャムおいしそうだなと値段の高いジャムを買って帰った。弟もA子も家に帰って、そのジャムを食べるのを楽しみにしていた。しかし母親はどうしてこんなに高いジャムを買ってきたのと怒った。〈どうしてお母さんは怒ったのだろう?〉。母親は家のローンを気にしていた。「私がどんな思いで家計をやりくりしていると思っているの」という言葉を母親は父親にぶちまけた。気分悪そうに父親は外に出て行った』

第一期　考察

先にも述べましたように、＃1、＃2のカウンセリングでは、「怒る」「怒られる」の関係を話しています。また早期回想からも、母親のエピソードとして「怒る」がキーワードです。A子は、「愛着関係のある女性は、私のことを心配もして思ってもくれるけど、そのために感情的に怒ったり泣いたりする」という私的論理があるのがうかがえます。A子は、それに対してどう対処していいかわからなくなっています。ビクビクして生活をしているのだろうと推量できます。この時点では、A子は筆者であるSCに対しても同じような感覚があり「怒られる」のではと、ビクビクしているのです。また、A子は、自分の心情を言語化して伝えるすべを学んでいません。だから彼女は「涙」を使って相手に自分の心情を表現しようとしていると考えられます。

【第二期】

＃5～＃8

A子は、対人緊張があるために学校行事である宿泊研修を苦痛に感じていました。そして、A子は両親と話をし両親の承認を得て担任に宿泊研修の欠席を申し込み受理されました。

A子は、カウンセリングルームの外での筆者の姿を見たそうです。その時、筆者は、養護教諭と冗談まじりで思いのままお互いに気兼ねなく話をしているように見えたそうです。

「二人は仲がよさそうですね」

「先生（筆者）のように、相手のことを気にしないで、そんなふうにしゃべったらいいんですよね」

「相手がどういう考えで、どういうことに評価したりするのかわからない。それがわからないと私はしゃべれない。言い方が悪いかもしれないが相手の手の内がわからないと語れない」

と話しました。

「先生達（養護教諭と筆者）みたいに、気兼ねなく語り合える友人が欲しいのだがどうしていいかわからない。……でも、休み時間は教室で、ひとり読書をするほうがいい」

「話をしたいのだけど……でも、自分の知らない話をしだすと、どう話をしていいかわからない」

「いいねと相槌を打てばいいんだろうけど……でも、それだけでは続かないし。退屈になってくる」

「友人達の好きなアーティストやテレビ番組をチェックして、それを自分から語りに行ったらいいんだけど……でも、自分が興味ないからできない」

「まずはメールかな、メールだったら話しやすいかな……。でも、何を書いたらいいんだろう」

A子は、何かにつけて「……でも、」「……でも、」と語ります。


筆者からA子に「勇気」を伝えるため、「シンデレラ」の話と「だるまさんがころんだ」の話をしました。

〈シンデレラのお話知ってる？〉

「はい」（あらすじを二人で確認する）

〈そう、そのお話なんだけど。お城の舞踏会に行きたいシンデレラを助けたのも、王子様と結婚できたのも、一見、魔法使いの妖精に助けられたように思うけどね。実は、馬車や馬や従者になる、かぼちゃ、ねずみ、トカゲを集めたのはシンデレラ自身なんよね。かぼちゃは取れたとしても、あなたは、ねずみとトカゲ捕まえられる？　シンデレラはすごいよね。つまり夢をかなえるのにはシンデレラがしたように、ちゃんと自分で準備しないといけないのよ。それにガラスの靴だって、「私にも、履かせてください！」て名乗り出ないと、誰も「シンデレラ、あなたも履いてみる？」なんて親切に人は言ってくれないのよ。自分でここぞというときは勇気を持って自分でしないと何も得られないのよ。これについてどう思う？〉

「シンデレラのお話には、そんな（勇気の）意味があるのですね」

〈「だるまさんがころんだ」って遊び知っている？〉

「はい」

〈始まる前に、参加者がスタートラインにたって、「最初の第一歩」といってスタートラインから一歩前に出るでしょ〉

「はい」

〈あれってね。鬼に近づいていくのって怖いよね。勇気がないとなかなかスタートラインから出られない。だから「最初の第一歩」をする。「最初の第一歩」さえ乗り越えたら後はすすんでいくでしょ。目的に向って勇気を持って「最初の第一歩」とスタートラインを一旦超えるとそんなに怖くないでしょ。そのための「最初の第一歩」なんだと思うんだけど〉

「私達のルールには、別なルールがあって、「最初の第一歩」と「最後の第一歩」というのがあるのです」

〈え！何、それ？〉

「「最初の第一歩」と「最後の第一歩」の、どちらかしか使えなくて「最初の第一歩」を使わずに、「最後の第一歩」を私は残しておくタイプなんです」

Ａ子が説明するには、参加者のうちの誰かが鬼にタッチして一斉に逃げる時、鬼はつかさず「ストップ」を言うと参加者は止まらなくてはいけないのだが、「最後の第一歩」を残している人はそこから一歩分遠くに逃げることが出来るというルールがあるという。Ａ子は「最初の第一歩」を使わず、その「最後の第一歩」派だと語る。

〈へー　そんなルールがあるんだ……A子さんは、「最後の第一歩」派なんですね〉
「そうですね。私っていつもそうだわ」

＃9

A子は、今までつけていたマスクを取って来室しました。カウンセラーはA子の雰囲気が変わった感じがしました。しかし、まだ表情は硬く、カウンセラーと目があった時の笑みもぎこちないです。「養護教諭の先生と以前より話がしやすくなった」「おとなしい優しい友達が1人できた」とかすかにほんの少し口元と目じりの表情を変えて語りました。

第二期　考察

カウンセリングが進み、A子は自分の目的「女の子の友達とうまくやっていきたい」という事が明確になってきました。しかし、なかなか勇気がわきません。何かにつけて「……したらいいのだけど、でも……」と言い続けます。

神経症の治療においても勇気づけは必須である。

症状の除去だけでは十分ではない、ためらいの態度を取らないように訓練し、自分は困難に直面し、人生の課題を解決する能力がある、と理解してもらうことが自信を築く唯一の方法である。(6)

「もしも、本当に援助しようと思うのであれば、人に勇気と自信を与え、自分の誤りをよく理解してもらうことです」そのためにはライフスタイルを見つけ出し、それを矯正しなければならない。(7)とアドラーは言っています。筆者は「シンデレラ」の童話や、「だるまさんがころんだ」の伝承遊びを例に出し、勇気を持つことをA子に伝えたかったのです。

【第三期】

＃13

「先生（筆者）は私のことを、どう思っているのですか?」

〈私が、A子さんのことをどう思っているかって?〉

「はい、ここでは私のことは語りますが、先生はカウンセラーだからか自分のことをあかさない。先生は自分のことを何も語りませんよね、何を思っているのか、何を評価し、何を大事にしているのか」

〈私（筆者）のことをどんなに見ているのでしょう。もう少し具体的に別の言葉を使ってお話してくれますか〉

「先生は、他の人とはちょっと違う……ちょっと普通の一般の人とは違う」

〈そう、そんなふうにみえているのですね。一般の人とは違うとは?〉

「私が何かを語ったとしてもそれで感情的にはならないし。話した内容を誰かに言ったりしない。ちょっと変わった人だなと思います。他の人に、言わないから安心してしゃべれますけど……」

〈私は怒らないし、ここでの話は外へは漏らさないから、私に安心感は持っているけれど。私の心

が見えてこないのですね……〉
「はい、そうです」
〈私は、あなたのことをまじめな子だなと思っています。とても信頼しています。とても勇気のある子だとおもっています。以前、生徒指導を受けたという事を聞きましたが、どうしてそんなことをしてしまったんだろうな、そんな子ではないのにと思っています。あなたがあなたらしく生活できたらいいのになって思っています。そのために何か私に出来ることがあればと考えています〉

＃14
クラス内の五、六人の女子生徒と、学校行事の準備の進行についてどうしたらいいかを語り合い対策を練っている。というエピソードを語りました。お互いがお互いに準備が滞っている課題についてどうするかを、それぞれの思いや自分の出来る作業について話し合いを進めているようです。それは、設定された会議のような場面でなく、日常の場面で行われているようです。A子もA子なりに他の生徒に自分の考えを伝えている様子が伝わってきます。

〈あれ？ 話できているね〉

「ああ、そうですね」

〈以前は、そんなふうに女の子と話出来ていなかったよね〉

「ああ　はい。なんとなく出来るようになっていました。気にもとめていなかったですが」

♯15

週末に、父方の祖父宅に家族で出かけたそうです。祖父は、A子の姉がいない場で、A子と母親に浪人中の姉の状況にたいしての批判をし、A子には「しっかり勉強しないといけないぞ」と言ったようです。そして母親には、「母親が子ども達の教育ができていない」と批判ととれるような話をしたそうです。母親はそれを何も言わずに聞いていた、と語りました。


〈それを、聞いていてどう思ったの、どう感じたの？〉

「お姉ちゃんは、すごく頑張っているのにと思う」

〈そうね。お母さんが黙って何も言わなかった事にはどう思っているの？〉

「家に帰ってから、私から「あの言い方ね……」とお母さんに話をふってみたが、お母さんは「ねー」といい。それ以上何も言わなかった」

〈おかあさんは、実際どう思っているのだろうね？　それは、お母さんに聞かなかったの〉

「はい」

〈どうして？〉

「（しばらく考えてから……）知りたい気持ちもあるけど……知るのが怖いという気持ちがあるんです」

〈知るのが怖い？〉

「母親がもし「所詮、（父方の）祖父は血の繋がらない他人だから」という言葉を発したらと思うと怖いのです」

〈血の繋がらない他人？〉

「家族じゃないからと言われると……」

A子は心に思いつくままの言葉を語りだしました。筆者はA子の内省の整理を手伝いました。二人は一緒にA子の心の中に深く、深く入っていきます。

〈血の繋がらない人ということに、どうしてこんなにあなたはそう敏感になってしまうのでしょうか？〉

A子はしばらく考えてから次のように語りました。

「小さい時、父親と母親がびっくりするようなケンカをしてもう二人は別れてしまうのではないかと不安になりました。別れてしまったらどうなるんだろう、わたしはどうしたらいいんだろうと」

「今までと違うことが起きると思うと恐怖がおそってくるのです。どう自分で判断して、何を選んだらいいんだろう。もし選び間違ってしまったら私はどうなるのだろう、という恐怖が」

「父親と母親は血が繋がらないからと考えると、永遠ではないわけですから。他人ですから……」

〈他人だから……。切れてしまう。そういう感じが怖いの？〉

「そうです」

〈ところで、私とあなたも血が繋がっていないでしょ……それに対してどう思っているの？〉

「先生（筆者）はカウンセラーという役割で繋がっているでしょ。仕事としての役割があるから……。だから、私を切らないだろうなって……」

〈じゃ、担任の先生（男性）とかも?〉

「そうですね。……うん？　でも、担任の先生は先生の気分で変わる時もありますけどね……。それに、担任の先生には、切られてもそんなに気にしないですね」

〈担任の先生はあまり気にならないみたいね。じゃ、お友達は……?。お友達に役割がないよね……。切れてしまう感じがするのかな〉

「そうですね。……役割がないから、切れないように、切れないように、と思うから気を使っています」

〈「切れないように」といつも思っている状態は、あなたはどう感じているのでしょう〉

「しんどいですね。しんどいです。だから、しんどくなりすぎて気を抜く時もあるのですが」

〈血の繋がらない人と「切れないように」といつも神経をすり減らしながら人と過ごしているのが、あなたのしんどさなんですね?〉

「そうだとおもいます」

〈では、私があなたのことを正直にどう思っているか伝えましょう〉

涙の意味、早期回想・ライフスタイル等から見える彼女の人生の目的を伝える。

〈どうです。どう感じました〉

「私はこんな人なんだと思うとはずかしい気持ちがします。……でも、先生にはそう見えているのかとわかるとうれしい気持ちもあります」
今までにない笑顔とはにかみが交じったような表情を見せた。

第三期　考察

♯1ではほとんど自分の心を語れなかったA子ですが、第三期に入ると自分の内省の言語化が顕著に表れ始めました。以前は「涙」でしか自分の気持ちを伝えられなかったA子は自分の気持ちを言葉で伝えるすべを身につけました。カウンセリングが進むにつれて、A子自身も自分の成長を心のどこかではかすかに感じています。宿泊研修には参加できなかったA子でしたが、♯14では、実際に友人達と学校行事について話し合ったエピソードをSCに伝えています。SCに実際に語ることにより、A子は、より明確に自己成長を意識しました。

このようにカウンセリングを重ねるとクライエントは成長します。しかし成長をするとそこにはもれなくSCとのお別れの時期が近づいていることをクライエントは連想します。♯15では、A子は「血の繋がらない関係」という言葉でSCとA子の永遠には続かない「役割の関係」をうまく表現しました。そして、小さいときに両親の離婚の危機を傍らで見ていた時に感じた、今までと違うことに対しての「恐怖」の気持ちを語り、SCと別れても「自分で判断してうまくやっていけるのだろうか」「私は選び間違わないだろうか」と語る姿は「私は、自立できるのだろうか」と自己を見つめ始めたことが見てとれます。

「不安」と「恐怖」という感情は、自分自身を守るために、自分の行動を促進したり抑制するためにつかわれる。ただし、両者の違いは、不安が未来のはっきりしない対象に対して抱く感情であるのに対し、恐怖は、現在、ある対象に直面したときに抱く感情です。[8]

Ａ子は「筆者とはＳＣという役割で繋がっている。仕事としての役割があるから……」と語っていますがＳＣからの自立を意識し始めたからでしょう。寂しさと不安と恐怖を感じだしました。そして、Ａ子は「ＳＣの心の中に、自分がどう存在しているのか？」を知りたくなっています。Ａ子はお別れの準備にかかりました。Ａ子は本当に勇気のある女性になろうと試行錯誤の努力をしがんばっています。

アドラー心理学の鍵概念「勇気づけ」

Ａ子とのカウンセリングはそれから数回続くのですが、それ以降のカウンセリングで見せるＡ子の表情は、以前のものとは全く違い、光の差す顔色と笑みを筆者に見せてくれました。学校行事もクラスメイトと協力して、無事終える事が出来ました。日常でいろんな生徒や教師とそれなりに関われるようになり、そして筆者の元を離れていきました。

アドラーは「勇気」について、「人生の有用な面にいる人は、勇気があり、自信があります」「勇気がある人であれば、たとえ失敗しても、それほど傷つくということはありません」などと述べています。つまりアドラーにとって「勇気のある人」とは、「精神的に健全・健康な人」そして「共同体感覚が育まれている人」であると考えていたようです。[9]

事例を紹介すると、クライエントのライフスタイルだけでなく、カウンセラーのライフスタイルも赤裸々に現れてきます。A子は、筆者に早期回想や日常のエピソード、過去のエピソードを語ってくれました。何度も言いますがアドラー心理学は目的論です。今、この早期回想・エピソードを語る目的には相手役があります。そうA子の相手役はカウンセラーである筆者です。もし違うカウンセラーであったら、A子は、違う早期回想やエピソードを語ったかもしれません。筆者という「私」と、A子という「私」。かけがえのない「私」どうしの出会いだからこそ、そこに取り組むべき課題がクローズアップされて見えてきました。入口は「涙」の課題でしたが、二人の出会いを通して、その奥にあるいろいろな課題が見えてきました。その一つに役割を超えた「繋がり」を実感するという課題がありました。二人は、役割を超えた「繋がり」を学びました。

私達を見ていただいたことで、アドラー派のカウンセリングは、カウンセラーもクライエントもお互いに「勇気づけ」をしている事がおわかりいただけたでしょうか。かけがえのない時間をいっしょに過ごし、A子とともに筆者も新しい発見や感動に触れ成長しました。読者の皆様にそれが少しでもお伝えできたのなら幸いです。

このようにカウンセリングルームで行われた、かけがえのない二人の出会いは、まるで「だるまさんがころんだ」のようでした。お互いに「勇気」を持って一歩、一歩、丁寧に鬼に近づいていったのです。そして、筆者が本書にあらわす事が出来たことは、A子のいつものパターン、最後に取っておいた「最後の第一歩」。そんなことを思いめぐらし、筆者はひとり微笑みを浮かべながら、私たちの特別な「だるまさんがころんだ」を静かに終えたいと思います。

【文献】

（１）Ｇ・Ｊ・マナスター、Ｒ・Ｊ・コルシーニ、高尾利数・前田憲一訳、『現代アドラー心理学（下）』、春秋社、一九九五年、一一頁
（２）（１）一六頁
（３）岩井俊憲、『アドラー心理学によるカウンセリング・マインドの育て方』、コスモスライブラリー、二〇〇〇年、一五三頁
（４）鈴木義也・八巻秀・深沢孝之、『アドラー臨床心理学入門』、アルテ、二〇一五年、九〇～九一頁
（５）（１）六九頁
（６）アルフレッド・アドラー、岸見一郎訳、『個人心理学講義』、アルテ、二〇一二年、六〇頁
（７）（６）一五四～一五五頁
（８）（３）一七一頁
（９）（６）一六頁

教師・保護者との協同

第8章　保護者とのより良い関係作りのためにできること

八巻　秀

学校での事例は「人間関係」の問題

学校には様々な「人間関係」が存在しています。子ども達同士の関係、子どもと教師の関係、教師同士の関係、教師と保護者の関係など、他にも事務職員や用務員などを含めて、学校ではたくさんの人が関わりあっています。そんな学校という場の中で、その構成メンバーとの多様な「人間関係」が、日々繰り広げられているわけです。

学校では、日々刻々、様々な問題（＝事例）も発生しています。学校で何らかの事例が発生した場合、当事者に限らず、必ず、そのまわりの様々な「人間関係」が絡んでいるもの。つまり学校における事例は、ある意味「人間関係の問題」が生じているのだと考えてよいでしょう。

その点では、学校関係者は、いわゆる「心」よりも「関係」に注目するモノの見方が必要になってくると言えるのではないでしょうか。

アドラー心理学の創始者アルフレッド・アドラーが「人間の悩みはすべて対人関係の悩みである」と述べたことは有名ですが、このような「人間関係」「対人関係」を重視することも、アドラー心理学の基本的な考えの1つになっています。

それは「対人関係論interpersonal theory」あるいは「社会統合論social embeddedness」と呼ばれていて、「人間のすべての行動は、必ず相手役がいて、対人関係上の問題を解決する目的で、発動・実行されていく」と考えています(1)。

ちなみに相手役とは、「その人の行動によって自分が影響を受け、特定の感情を抱き、なんらかの応答をする人のこと(2)」を指します。ある人のある行動の本来の意味を理解するためには、その人の対人関係（あるいは社会的文脈）上において、その行動を起こすことが、どのような影響を及ぼすのかを考える。つまり、様々な事例は一人ではなく、必ず「相手役」との対人関係で発生する行動と考え、その行動の「意味」は、その人の心の中にあるのではなくて、その人と「相手役」の人との対人関係に及ぼす影響から、判断・理解することができると考えるのです(3)。

このような「対人関係論」に立って考えてみると、ある人物の問題行動に対して、その人自身だけの心理的な原因を考えない、あるいは原因探し（＝悪者探し）を重視しなくなります。なぜならば、対人関係論的に考えると、その問題行動は、その人とその相手役との関係の中で起こっていると考えるからです。このような考え方は、家族療法などで言われているシステム論を重視したセラピーなどと同じ発想といえるでしょう。

アドラーは「人生を社会的な関係の文脈と関連づけて考察しなければならない(4)」と述べているように、人は、ただ社会的文脈においてだけ、個人となると考えていました。その人の行動や心理を社会全体も含めて理解していくことが、問題解決につながっていくという発想を提供しているのが、「対人関係論」の考え方なのだと思います。

このようにずっと「人間関係」に注目してきたアドラー心理学が示す様々な考え方を、教師やスクールカウンセラーそして保護者も、ともに学ぶことによって、学校での様々な「事例」（＝「人間関係の問題」）の解決に貢献できることは多いと思われます。

いわゆる「学校問題」について

ところで近年、学校現場では「学校問題」という言葉が使われるようになってきました。それは、学校への生徒の保護者や地域住民の要望が、近年になって多様化・複雑化したこともあるのか、学校関係者と保護者などとの間で生じてしまった「学校だけでは解決困難な問題」のことを指す言葉が「学校問題」です。ここで言う「学校だけでは解決が困難な問題」とは、保護者などから理不尽な要求が繰り返し行われ、かつ、学校での対応には時間的・精神的に限界があるという状況を指しています。

一時期マスコミでも取り上げられたいわゆる「モンスターペアレント」という対応に困った保護者のために教員が翻弄されている問題などを指している言葉でもあります。

東京都教育委員会では、二〇〇八年からこの「学校問題」の実態を調査するために、学校問題検討委員会を設置して、都のすべての公立学校に調査を実施してきました。その結果、約１割の学校で、学校だけでは解決が困難な問題が発生しているという結果が得られたそうです。

調査では、そのようなケースのうち半数以上は、学校の初期対応に問題があったものが多く、保護者などからの苦情は、学校側の対応の仕方にも原因があるということもわかってきました。学校側の保護者への対応能力、あるいは関係作りへの配慮が問われる時代が来ていると言えるのでしょう。

このような「学校問題」を構成する「保護者と教師」あるいは「保護者とスクールカウンセラー（以下ＳＣと略）」との初期対応も含めて、より良い関係の作り方について、人間関係を重視するアドラー心理学では、どのように考え、取り組んでいくのかについて、さらに考えていきたいと思います。

事例「入れ墨をした保護者」

ここで「学校問題」をイメージするために、架空事例を一つご紹介しましょう。

高橋さん（仮名）は三〇代後半の自営業を営む、小学校一年の娘（ひとみ）を持つ父親です。二年前に離婚をして、現在は娘と自分の母親であるおばあちゃんと三人暮らしをしています。高橋さんは痩せ気味でちょっと強面、少々ヤクザ風の風貌でした。娘の入学式には、何とサングラスにTシャツ姿で来校し、当たり前ですが、かなり目立っていました。実は保育園の頃も、保育園側とトラブルがあったとの情報も事前に小学校に入っていて、娘の入学前から要注意人物ではありました。

小学校入学後は、高橋さんの娘に対する関わりはとても熱心で、4月中は毎朝学校に娘を送ってきていました。5月になり、担任から高橋さんに「もうひとみちゃんは一人で学校に来させても大丈夫ですよ」と伝えますが、高橋さんは「いえ、物騒な世の中で行き帰りが心配なので〜」と言って、送りは父親が、帰りはおばあちゃんが毎日送り迎えをしていました。

やはり噂で高橋さんの体中に入れ墨をしているらしいという話がありましたが、担任が6月に家庭訪問をした際、自宅居間に通されると、居間にはいくつか刺青の写真が飾られていて、ますますヤクザイメージを高めることになりました。ただ実際話をしてみると、いたって口調や物腰は普通で、おばあちゃんとともに娘のことをとても可愛がっていて、また教育にも熱心な様子が見て取れました。家庭訪問を終えた直後の担任の印象も「おばあちゃんと二人で一生懸命娘を育てているようだし、(見かけとは違って）教育熱心な父親だな」という感じでした。

６月末になってクラスの席替えをしたところ、その日の夕方に担任に高橋さんから電話があり、「席替えで隣になった男の子は落ち着きがなく、授業中も立ち歩きをするので、娘は嫌だと言っている」と訴えてきました。それに対して担任は「席替えの教育的意図」について説明したところ、次第に高橋さんは電話口で怒り始めました。その場はなんとか謝って納めましたが、翌日から朝娘を学校に送ってくるたびに、担任を見つけては席替えについてのクレームをするようになりました。結局、それに押されるように担任は翌週に仕方がなく新たに席替えをしました。

その後、一度クレームはおさまりましたが、半月後にまた高橋さんから電話があり、今度は後ろの児童が娘にちょっかいをかけてくることにクレーム。そしてまた毎朝のクレームが始まりました。それに対応していた担任も、次第に恐怖感さえ覚えるようになりました。

そこで担任は、学年主任や副校長に相談し、高橋さんと担任と副校長も交えての面談の機会を持ちましたが、その面談で高橋さんは「娘は後ろの生徒に授業中に何度もちょっかいをかけられて、迷惑している。学習したいのにそのために集中できないと訴えている。学校は勉強する場なんだから、それに集中させてあげるのが親と教師の役目。当然席替えをしてほしい」と主張。担任と副校長がやんわりと、何度も席替えするのは子どもたちにとっても落ち着かないこと、子どもたちの成長を待ってみましょうと伝えますが、「成長を待っているうちに勉強が遅れてしまったらどうするんだ！」と次第に威圧的な態度になってきて、十分な話し合いにならず、平行線のまま面談は終了しました。

その後も変わらず、高橋さんの登校時や電話でのクレームは続きました。その後、ＳＣも加わって何度か話し合いの機会を持ちましたが、話はずっと平行線のまま。ＳＣからも「典型的なモンスターペアレントですね」と解説はされるが、解決の策をたてるには至らず、渋々あらためて席替えをするものの、その度に何かしらいちゃもんをつけてくる感じでした。次第には「同じクラスの◯◯さんは、クラスの雰囲気を乱すので、転校させてほしい。校長と話がしたい」というまさに理不尽な要求までしてくる始末。校長も含めて学校側はこの高橋さん対応にほとほと困ってしまいました。

さて、このようなケースに対して、あなたが担任や学校長、あるいはSCだったら、どのように対応していきますか?

「学校問題」にある心理学的背景とは?

この事例で示したような「学校問題」の心理学的背景にあるものを考えてみましょう。基本テーマとしては「学校と家庭（あるいは地域）との関係の在り方」になるのでしょうか。学校の中心は子どもであり、それを支える教職員がいる、学校内での最も多くある人間関係は「子どもと教師の関係」になります。「生徒指導・生活指導」という言葉があるように、これまで教師にとっては、その「児童生徒との関係」にはエネルギーを注いできました。

しかしながら、「保護者指導」という言葉はありません。せいぜい「保護者対応」という言葉があるにしても、「保護者と教師（あるいはSC）との関係」については、これまでそれほど重要視はされてきていなかったというのが現状でしょう。

近年「学校問題」として、これまであまり取り上げられなかった保護者と教師の関係が、こじれて事例化してしまうことが増えてきた心理学的な背景には、いったい何があるのでしょうか?

そのキーワードとして考えられるのは、「怒り」などの「陰性感情」です。

前述の事例の高橋さんも、クラスの席替えをきっかけに「不満」や「怒り」などの「陰性感情」を担任や学校側に対して持つようになり、次第に学校側に理不尽ないちゃもんをつけてくるようになっていきました。いわゆるマスコミの言う（事例ではSCも言っていましたが～）「モンスターペアレント」になってしまっているのでしょう。教師側もSCも高橋さんに対して、「入れ墨」なども含めていろいろなエピソードから「モンスター的」な先入観をもってしまい、その上での対応になってしまったことも、理解しあえる可能性をしぼめて問題をこじらせてしまった要因になっているのかもしれません。

しかしながら、保護者に対して、「モンスターペアレント」というイメージを、学校側の関係者が一人でももってしまうと、明らかに状況が保護者と学校の対立を煽る方向に働いてしまいがちです。どんな場合でも学校と保護者との協力関係が、望ましい教育のあり方ですから、両者の関係作りにおいて「モンスターペアレント」というイメージが阻害する可能性は高いと思われます。

でも当事者は、つい「モンスター」と考えてしまう～なぜでしょう？

マスコミからの影響という点も無視できませんが、心理学的な観点から考えてみると、学校関係者がある保護者に対して「モンスター〇〇」と考えてしまうのは、それが「学校に対して強い怒りを持っている存在」だから、とも言えるかもしれません。あるいは、保護者と学校の間に「怒りが介在してしまっている関係」が、出来上がってしまっているからとも表現できるでしょう。

学校に強い「怒り」を向けている保護者との関係をどのように作っていくか、あるいは、この「怒り」にどのように対処していけば良いのか、といった「怒りの感情をめぐっての対応の仕方」は、実は教師やSCは苦手とする、あるいは、あまり馴染みのない部分でしょう。「怒り」に限らず、教師やSCは「強い陰性感情」に対して、意識的にきちんと対応できる能力が、今は教師やSCには問われているのかもしれません。

つまり、「怒り」のような「強い陰性感情」に対応していくために、あらためて「感情への考え方」と「感情への振る舞い方」を教師やSCとして、一度整理して考えてみる必要があると思われます。

ちなみにアドラー心理学は、この「感情」に対して一つの考え方を提示しています。では、それはどのようなものなのか、次に示してみたいと思います。

「怒り」には目的がある：アドラー心理学の「感情」に対する考え方　その一

アドラーは人間の行動を「目的論」というもので理解しようとしました。(5) 怒りなどの陰性感情も同じで、アドラー心理学では、「怒り」の感情も何らかの目的のために作り出されるという「目的論」で考えます。

ですから、人が誰かあるいは何かに対して怒るときは、

「怒りの感情を使って、相手や状況をコントロールしようとしている」

「怒りの感情を使って、相手より優位な立場になろうとしている」

というように考えてみようとアドラー心理学では提案しています。

つまり、怒りの感情が沸いたから怒っているのではなく、自分の思うような状況を作りあげるために、もしくは相手をねじふせて言うことをきかせるという目的のために、怒りの感情を自ら作り上げて怒っている、と考えるというのです。別の言い方をしてみると、大声を出して怒り、相手をコントロールするという目的のために、怒りという感情を捏造している、感情は何らかの目的を達成するための手段になっている、とも言えるでしょうか。

例えば、前述事例の高橋さんの怒りは、例えば「娘が友だち関係でつらい思いをしているのを助けたい、子どもを守りたい」という目的があって、その目的を達成するために、怒りの感情を使っている、という一つの仮説が考えられるわけです。

では、なぜ悲しみなどの感情ではなく、怒りの感情を使うのでしょうか？

岸見（二〇一〇）は、「アドラーは、怒りは人と人を引き離す感情である、といっている」と指摘しながら、感情の目的について次のように述べています。

　何かをする、あるいはしないという目的がまずあって、その目的を達成する手段を考え出す。怒りという感情が私たちを後ろから押して支配するのではなく、他の人に自分のいうことをきかせようとして怒りを使う。また、他の人からの同情を引くために悲しみの感情を創り出すのである。(6)

つまり、人は「怒り」の感情を使って、他人（＝相手役）を巻き込み、コントロールしようとしていると考えられるわけです。怒りは、怒りそのものだけで成り立っているわけではなく、その根底に「〇〇であるべき」「〇〇しなければならない」という、その人固有の思考や信念があり、それらから外れる出来事が誰かによって引き起こされたとき「なんでそういうことになるんだ！」という怒りが発生すると考えられます。

当然、それに対して怒りをぶつけられた相手役は、そうなるまいと自然に抵抗感や嫌悪感が起こってくるでしょう。あるいは自分の方が主導権を取りたいと同じような怒りが起こることもあります。「怒りの伝染現象」です。怒りの感情は「伝染」します。一方が怒りの感情を持つと、もう一方にも伝染して、お互いの怒りの感情がエスカレートする現象は、喧嘩などでよく見られる光景ですね。その怒りの始まりがどちらからであっても、いずれかが怒りの感情をコントロールしようとすることが、この怒りの伝染現象から逃れる第一歩になります。

「怒り」は二次感情である：アドラー心理学の「感情」に対する考え方　その二

さらにアドラー心理学では、怒りというのは、二次的な感情であり、その前に一次的な感情（＝背景的な感情）として、「恐れ」「不安」「焦り」「寂しさ」などがある、と考えています。この一次感情が満たされない時に、怒りという二次感情を使って対応することが多くなると考えるのです。怒りの感情は、感情の中でも最も対人関係の要素が強い二次感情であり、その背景にある一次感情がある、これを探ってみること、可能であればそれを伝えてみることが[7]怒りのコントロールにとっては重要なのです。

例えば、高橋さんの場合は、娘を助けたいという気持ちの背景を考えると、娘がちゃんと育つかという「不安」があるのかもしれません。つまり、そこには離婚したために母親がいないという環境に対する不安感情を高橋さんが感じているからかもしれません。この高橋さんの一次感情である「不安」に思いをはせることが、高橋さんとの関係作りのポイントになりそうです。

岩井（二〇一四）[8]は、アドラー心理学の立場から、そのような陰性感情をコントロールすることを含めて、次のように結論づけています。

①感情は、ある状況で、特定の人（相手役）に、ある目的（意図）を持って使われる。

②感情は、コントロールできる。要は、建設的に対応するか、非建設的に対応するかのカギは

自分が握っている。

③感情は、（陰性感情も含めて）自分のパートナー。

「怒り」という強い陰性感情とうまく付き合っていくためには、私たちがまずはこのような意識を持つことが、大切なのではないでしょうか。

事例の続き

ここで高橋さんの事例のその後をご紹介しましょう。

学年が変わり、二年になると、少しひとみさんの友達関係が落ち着いて来たこともあり、高橋さんからのクレームが少なくなってきました。新しい二年の担任である加藤先生は、前年度からの引き継ぎで高橋さんのことは聞いていましたが、

「そういう態度になるのは何か事情があるからに違いない」

と思うようにして、あまり神経質にならないようにしていました。

夏前に三者面談があり、そこで高橋さんとお話する機会がありました。その時に思い切って「今年はこれまでひとみさんの友だち関係はとても良い感じできていますよ。ところで、昨年は、ひとみさんの友だち関係でだいぶご心配されていたようですが、何かあったのでしょうか？」と率直に聞いてみると、「いや～実はですね。……」と保育園時代に遡って話し始めました。

保育園の時は、元妻との離婚話で家庭の中は険悪な雰囲気だったと語り、その影響があったのか、ひとみちゃんは精神的に不安定になり、保育園でも友だちに手を出したり、すぐに泣き出したり、いじめにあったり、とあまり友達関係がうまく行かなかったとのこと。元妻の母親もその頃は保育園に

行くことはなくなり、自分も仕事が忙しく精神的にも苛立ちがあったので、保育園との協力関係も作る余裕すらなかった。そのこともあって「ひとみには辛い思いをさせてしまいました。昨年はそれを引きずっていたのかもしれません」とぽつりと高橋さんは語りました。それを聞いて、担任の加藤先生は、「そうだったのですか。我々もそのような事情を知らず、いろいろ配慮が足りなくてすみませんでした。でも、今はひとみちゃん本当に楽しそうに学校に来ていますよ。これはお父さんとおばあちゃんが、ひとみちゃんを支えようと本当に頑張っているからだと思います。こちらも頑張っていきたいと思いますので、これからもどうぞよろしくお願いします」と伝えると、高橋さんはパッと明るい顔になって、「こちらこそ、どうぞよろしくお願いします!」と応えてくれました。

面談後、加藤先生は「いろいろな家庭の事情があるんだ。それはじっくりお聞きしないと、ホント見えてこないものだよな〜」としみじみ思うのでした。

アドラー心理学における「感情」に対する振る舞い方

感情のコントロールを少しずつ始められたら、保護者とのより良い関係を作るための次なる一歩は基本的には「勇気づけ」の振る舞いが必要になってくるでしょう。

勇気づけについては、この本の中でもいろいろ言及されていると思いますので、ここでは保護者とのより良い関係作りに関係するものに絞って確認したいと思います。

保護者への勇気づけの関係作りの第一歩として、「相手の事情を想像する」ことが大切になってくると思います。

先ほどの事例における新しい担任の加藤先生は、一年時の一連の高橋さんと学校側との出来事に対して「そうなるのは、高橋さんに何か事情があるはず」と考えて、高橋さんに対してネガティヴな先入観を持つことがなかったことが、まずこの事態を超えるための大きなスタンスになっていたのだと思います。

勇気づけの一つに「人と行為を分ける」というものがあります。

いわゆる「罪を憎んで、人を憎まず」「やったことはまずいけど、その人そのものは悪くない」と考える、あるいは相手の行動と相手の人格を分けて考えることでもあります。

このように考えられるためのコツは、起こっていることに対して、まず、

「何でこんなことをやったのか?」「この行動の意味は何だろう?」

という疑問形で考えてみることがポイントになります。

加藤先生は、自然にこのような気持ち、「なんで高橋さんは怒ってばかりいるのか?」という素朴な「疑問」から、「きっと何か事情があるに違いない」とシフトしていきました。つまり人と行為を分けるのは、その間にしっかりと「疑問」そして「事情」をはさむことと言えるのではないでしょうか。

このようにして相手の「事情」を想像しながら、探ってみることは、前述した一次感情と同じようなスタンスかもしれません。このような相手の「一次感情」や「事情」に対して、想いを馳せながら探っていくことは、相手との「横の関係」を作ろうとしていることにつながります。

アドラー心理学では、「すべての人間は対等である」と考えているように、「横の関係」とは、年齢や地位・性別などあらゆる違いに関係なく、「互いを対等の人格として」認め合う関係のことで、お互いが自立した個人として信頼しあう関係とも言えるでしょう。

反対は、主従関係とも言える「縦の関係」ですね。怒りはタテを作り出そうとしますし、縦の関係

は怒りを生みやすいもの。「学校問題」が発生しているのは、学校と保護者などの当事者が縦の関係になっている、その主導権の取り合いを行っていることを示しているのです。

アドラー心理学では、前述したように、怒りを含めて陰性感情は、相手を動かす目的で使われることがほとんどであり、主導権争いを起こす「縦の関係」を強化するために使われると考えます。

それに巻き込まれずに、まずは相手の「一次感情」や「事情」を想像してみることは、縦の関係ではなく、相手との対等な「横の関係」を作っていく力になります。

「横の関係」を作ろうとする姿勢から、そこに「協力し、勇気づけ合える場」が生まれてきます。子どもがより良い教育環境のもと、互いに協力しながら、勇気づけ合いながら、より良い教育が行われることが、学校関係者も保護者も求めていることは確かなのですから、共に横の関係を作って行こうとすることは、間違いなく学校教育における共通の目標になるはずです。

まとめとして：保護者とのより良い関係作りのために

これまでのことを整理したいと思います。本稿では「保護者とのより良い関係作り」を考えるにあたって、「学校問題」という近年問題になっている「怒り」が介在している困難な関係を例にとって考えてみました。その「怒り」のような陰性感情が介在する関係に教師やSCが対処できるようになっていくためにも、次のように考え、振舞っていくことが大切です。

①「怒り」などの感情は二次感情である。そこには、必ずその背景にある一次感情が存在する。それは何かを考えてみようとすること。

親の子どもへの思いが強ければ強いほど、そこには子どもの現在と未来に対する「心配」「不安」

はつきまとうもの。そのような一次感情から、二次感情としての「怒り」がうまれやすくなるものです。「怒りの背景に、何かしらの一次感情がある」と考えることが大切です。

②保護者とその感情をしっかり分けるために、「事情」を想像しながら、関わること。「怒り」という感情やそれに伴う行動と、それを持っている親そのものを分けていくためには、そうなることへの「疑問」や、そこから派生する「事情」を想像してみること。

③基本は常日頃の協力的な「勇気づけあう」関係を作っていくことを心がける。子供を育てる・教育することは一人ではできません。一人で抱え込まず、保護者と教師、ＳＣがともに励ましあいながら、横の関係を作りながら、勇気づけ合い協力していく関係を心がけることが大切です。

以上のようなモノの見方や振る舞い方をしていくことによって、日常での学校と家庭との良好な関係を作ることができ、まれにある「学校問題」における「怒りが介在する関係」ができかけた時にも、「怒り」をどのように扱っていけば良いのかというスタンスが定まっていきます。

アドラー心理学が提供する考え方は、学校関係者の保護者への関係作りに対しても、このような視点を与えてくれます。

【文献】

（１）鈴木義也・八巻秀・深沢孝之、『アドラー臨床心理学入門』アルテ、二〇一五年、四七頁
（２）岩井俊憲、『マンガでやさしくわかるアドラー心理学』、日本能率協会マネジメントセンター、

二〇一四年、一八八頁
（3）（1）五〇頁
（4）アルフレッド・アドラー、岸見一郎訳、『個人心理学講義』、アルテ、二〇一二年、二八頁
（5）（1）三〇頁
（6）岸見一郎、『アドラー人生を生き抜く心理学』、日本放送出版協会、二〇一〇年、一七九頁
（7）八巻秀、『アドラー心理学――人生を変える思考スイッチの切り替え方』、ナツメ社、二〇一五年、九八頁
（8）（2）一九四頁

第９章　コンサルテーションとコラボレーションにおけるアドラー心理学の活用

鈴木　義也

コンサルテーションの誕生

コンサルテーションという言葉は一九五二年にカプランが、自身の治療構造をカウンセリングとは呼ばずに「メンタルヘルス・コンサルテーション」と呼んだことに端を発しています。それは子どもへの直接的アセスメントや治療ではなく、現場で働く教員スタッフへのサポートを志向するという大きな方向転換でした。それまでは子どもを対象としていたカウンセラーが、スタッフに焦点を合わせて心理検査やカウンセリングという前線から撤退し、スタッフの後方支援に回ったのです[1]。

カプランは面接構造という枠組みからはみ出して、病院や学校などのスタッフを含めたさらに大きな場にコンサルテーションを展開したのです。精神分析の流れを汲むカプランとアドラーとの歴史的つながりはないのですが、カプランのしたことはアドラーが実践していたことと内容的につながるものでした[2]。精神分析が面接構造という人工的な枠組みの場に展開してくるものを見ようとするのに対して、アドラーはクライエントが実際に日常を過ごしている生活の場に展開しているものを見ようとしていたと言うことができます。

生態学的なエコ・システムを見るアドラー心理学が、学校全体を場とするスクールカウンセリングやコンサルテーションに適していることは生まれながらのことなのです。

コンサルテーションの定義

コンサルテーションの構造についての幾つかの定義をまとめると以下のようになります。[3] また、鈴木は最も短いコンサルテーションの定義を「コンサルティとの対等で一時的な業務援助[4]」と述べています。スクールカウンセリングにおいて、コンサルタントとはスクールカウンセラー、コンサルティとは学校の教職員、クライエントとは児童・生徒のことです。

構造　コンサルタントが直接サービスを提供するのはコンサルティ（クライエントはコンサルタントから間接的にサービスを受ける）
期間　（コンサルテーションは継続的・定期的な関係ではなく）一時的
関係　（コンサルタントとコンサルティの力関係・階層は）対等
対象とする問題　業務関連
対象とするシステム　（コンサルティ優先であってもクライエント優先であっても）どちらでもいい
コンサルティの専門性　（専門家であってもなくても）どちらでもいい
コンサルタントとコンサルティのそれぞれの所属　（同じでも違っていても）どちらでもいい
コンサルテーションの開始　（コンサルタントからでもコンサルティからでも）どちらからでもいい
コンサルテーションへの参加　（参加してもしなくても）どちらでもいい
コンサルタントからコンサルティへの助言や提案　（従っても従わなくても）どちらでもいい

スクールカウンセラーと教員の関係が「対等」であることは特筆すべきです。対等な関係であることはカプランらの記述していることなのですが、対等はアドラー心理学でも重要な概念です。コンサルテーションを極めるとアドラー心理学的世界に行き着くと言えなくもありません。対等な関係でなく、上下関係や命令・服従関係だと、かえっていろいろとややこしく変に気を使って身動きが取りにくくなることは想像に難くないでしょう。「指導」「指示」という関係であれば互いにとってやりにくいものになってしまいます。

対等というのは命令で相手を拘束しないので、自由にディスカッションできるという利点があります。その柔軟さからゆとりや対処法のアイデアが生まれ得るわけです。対等であるからこそ、コンサルテーションの開始、参加、助言への受諾も教員の自由に任されています。双方にとっての「対等」と「自由」が保証されている関係がコンサルテーションの良さです。

また、コンサルテーションは生徒に直接は会わない「間接的」支援ですし、その支援も教員のように継続的ではなく「一時的」なものでしかありえません。スクールカウンセラーがコンサルタントとして機能するときは、構造からして後方から現場にいる教員を支援するのです。

カウンセリングとコンサルテーションとの違い

コンサルテーションがどのように生まれ、定義づけられてきたかに触れました。では、カウンセリングとはどのように違うのでしょうか。「スクールカウンセラーはセラピスト兼コンサルタント[5]」です。とすれば、使い分けが必要となります。コンサルテーションは「一時的な業務援助」なので、裏返せば、一時的でない継続的な関係や、業務援助でない私的援助がカウンセリングとなります。カウンセリングは「継続的で、私的問題」を扱い、コンサルテーションは「継続的でなく、私的問題を扱わず、一時的な業務援助」を扱うことが違いとなります。コンサルテーションはコンサルティ自身の私的問題には踏み込まないため、さらりと論理的に、状況把握を踏まえて介入しますが、カウンセリングは相手の私的な事柄が取り上げられるので、より深刻で情緒的になる傾向があります。

コンサルテーションとカウンセリングのどちらを選ぶかは、もちろん状況次第なわけですが、一般的に教員は自分自身がカウンセリングを受けることには抵抗があるでしょう。仕事の話としてコンサルテーションを利用する方が無理がありません。けれども、話しているうちに、教員自身の私的な内容や情緒が溢れ出てくることもなくはありません。そういうときは、適度に受け取りつつも、カウンセリングのように私的問題を深めようとはせず、コンサルテーションで扱っている仕事の話に自然に戻ることが望まれます。もちろん、教員自身がカウンセリングを受けたいということであれば、仕切り直しして改めてカウンセリングの場を設けることもできます。このように、目的に応じた使い分けが望まれます。

コラボレーションへの発展

スクールカウンセラーが生徒には直接会わない状況が教員へのコンサルテーションですが、スクールカウンセラーが生徒と直接関わりつつも、教員へのコンサルテーションもおこなうということになると、それはコラボレーションと呼べる状況になります。たまにスクールカウンセラーがやって来てコンサルテーションをするというのではなく、スクールカウンセラーが学校に滞在する時間がより長くなるとき、「コラボレーションはコラボレーターやコンサルタントが組織により深く受入れられたときのサービス配給のモデル(6)」なのです。コラボレーションはコンサルテーションの更なる発展系だと言えます。アドラー心理学の見地からも、コンサルテーションよりもコラボレーションの方がより協力的で望ましいものです。

そうは言うものの、スクールカウンセラーが一回きりのコンサルテーションしかおこなえないときや、たまにしかその学校に来られないためにコラボレーションができない状況なども多々ありますから、コンサルテーションであってもかまいません。いずれにせよ、スクールカウンセラーは自分の置かれている構造がコンサルテーションなのかコラボレーションなのかを峻別しておくと整理がつきやすいかと思います。

コラボレーションの定義

コンサルテーションにおいて、スクールカウンセラーは教員の業務を支援し、教員には担当の生徒がいるため、「スクールカウンセラー⇅教員⇅生徒」という教員を真ん中に置いた一本の線でつながる三者関係が形成されます。

一方、コラボレーションも三者関係ですが、その構造は三角形です。コラボレーションでは、どちらのコラボレーター（スクールカウンセラーと教員）も直接生徒にアプローチしているので、二人のコラボレーターが生徒を含んだ三角形を構成しています。

コンサルテーションはスクールカウンセラーが教員を援助するのですが、コラボレーションは両者が「協力」してやっていくという感じです。コンサルテーションは生徒を支える教員を支え、コラボレーションは生徒を両者で支えるという構造です。両者で支えると言っても生徒とより多く接する教員の比重が高いのは言うまでもありません。ちなみに、この「協力」というのもアドラー心理学の重要なキーワードのひとつです。コンサルテーションの「対等」に加えて「協力」がコラボレーションに肝要となってきます。

図1はコンサルテーションとコラボレーションの構造をそれぞれ表わしたもので、表1は両者の機能と限界をまとめたものです。過去のコラボレーションの諸定義を踏まえた上での、筆者によるコラボレーションの定義を以下に掲載しておきます。(7)

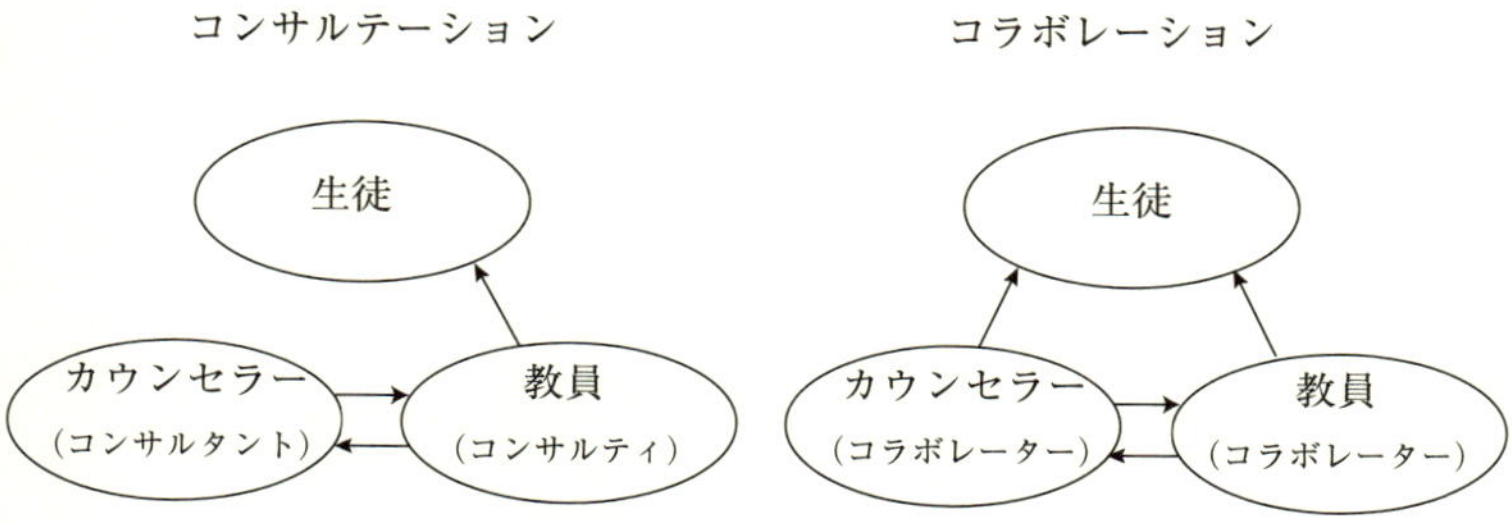

図１　コンサルテーション／コラボレーション関係図

「コラボレーションとは、組織内外の異なる職種・部署の成員が、第三者（クライエント＝生徒）に対して同一の目標を設け、それを達成するために自覚的に資源を共有して、各々立場とアプローチから非永続的で対等な協力をおこなう業務である」

役立つコンサルテーション／コラボレーションとは？

スクールカウンセラーは学校において専門職として分業化された職種です。けれども、分業しているからといってカウンセリングルームの中のことだけをしていればいいというわけにはいきませ

表１　コンサルテーションとコラボレーションの違い
（鈴木. 2008. の表を元に作成[8]）

	目標	資源	介入経路	権威	結果責任
コンサルテーション	異なる	共有しない	単一	対等	教員だけにあり
コラボレーション	同一	共有する	複数	対等とは限らない	両者にあり

ん。カウンセリング内で生じることだけではなく、生徒の属するクラス、学校、家族、地域も視野に入れた学校とのコラボレイティブな関わりをしていく専門職なのです。

一般教員と特別支援教育の教員とのコラボレーションの度合いが高い方が、生徒たちのパフォーマンスが改善されるという報告もあります[9]。その中で「コラボレイティブな文化」として、「信頼」、「全ての生徒への凝集した期待」、「プロフェッショナル・コミュニティとしての感覚」の三つの要素があげられています。スクールカウンセラーにこのことに当てはめて考えることもできるでしょう。

米国のＡＣＥＳ（Association for Counselor Education and Supervision）が小中学校の教員にコンサルタントに最も期待することを尋ねたところ、知識（二六％）、コミュニケーション能力／良い聞き手（十九％）、特段の技法／実践的アプローチ（十一％）、専門性（八％）、良い人柄（七％）、教室にいてもらいたい（六％）などが挙げられています[10]。当然ですが、教師の持たないものを伝授してもらうことが期待されているようです。こちらが見立てや解決策をしっかり提供できることも望まれるわけです。

教員サポート　コンサルテーション／コラボレーションは一方的にカウンセラーが何かを言うわけではなく、まずは教員が対処する問題について語ることから始まります。クラスの様々な問題を抱え、多忙で、教員同士でもゆっくり話せる機会がないと孤立しがちです。そういうときに、もしもカウンセラーを相談相手や話し相手としてみなすラポールが形成されるのであれば、権威関係になく秘密保持されて後腐れのないカウンセラーに色々と話ができるので、楽になったり、ほっとしたりすることにつながります。このようにカウンセラーが教員の「支援者」となることは、コンサルテーション／コラボレーションにおいて有用な機能です。

生徒サポート　教員とカウンセラーが一時的にしか接することができない場合は、教職をなるべく円滑に遂行できるようなサポートをカウンセラーがその場で提供する即応性が必要となります。そこでは情報、助言、提案などが期待されます。当該の事例に対する見立てを定めることが求められます。このときカウンセラーは生徒の問題に対する「助言者」としての役割が期待されています。

このようにコンサルテーション／コラボレーションは、時と状況に応じて、教員や学校からの依頼に応じて、「支援者」もしくは「助言者」として、柔軟かつ幅をもったサービスを提供するものといえます。

アドラー心理学によるコンサルテーションの七段階

それでは、アドラー心理学として、具体的なコンサルテーションの進め方はどのようなものでしょうか。コンサルテーションについては一九七三年から多くの版を重ねているディンクマイヤーらの著書[11]から紐解いてみましょう。

①　基調を作る

・相互尊敬　ラポールもしくは対等性の認識

・プライバシーと守秘の確立
・心を開く、誠実、率直なコミュニケーションをする
・これは教育的過程であり、医療的診断ではない
・誰も責めることなく、誰もが解決の一部となりうる
・「この問題があなた（教師または親）にとってどういうものなのか」を理解する
②　問題の一例を記述してもらう
・「昨日か一昨日のことで、その生徒があなたにとって問題である具体例を挙げてもらえませんか」と尋ねる
a　具体的に、正確に、生徒が何と言ったか、もしくは、何をしたか
b　あなたはそれに対する反応として、どのように感じたか
c　それから生徒は何をしたか
・あなたが生徒に言った通りの言葉と態度を教えてください
③　二番目の例を記述してもらう
④　生徒の不適切な行動の目的と、教員の歪んだ信念を明確にする（訳注　注目、権力、復讐、無力とは生徒の不適切な行動の四種類の目的）
⑤　目標に至るガイドラインを紹介する
・注目　（生徒の）行動を良いものとして捉える。注目を捕まえる時を作る
・権力　生徒に選択肢を与える。選択の機会を作る。戦ったり、降参したりしない
・復讐　（生徒にとって）公正である機会を与える。傷つけられることを避ける

・無力　極度な勇気くじきでもあきらめず、「その人のいいところは？」と尋ねる
・教員が他の状況で、この不適切な行動の目的にうまく対処できた方法を取り上げる
・教員がしていないことの中で、何を成し得るかをまとめる

⑥　暫定的な提案をする

・一度に一つの問題だけを扱う
・問題を一週間で現実的に到達可能なステップに分割する
・(抽象的でなく）具体的にする
・改善が見られる前に悪化することを予測しておく
・どのような変化も一週間先までのことであり、再度の交渉の余地を残しておく
・直接的提案を避ける。その代わりに、以下のような質問の形態にする

a「〜について考えたことはありますか」
b「もしもあなたが〜をしたとしたら何が起きるでしょうか」
c「〜についてあえて考えてみてもらえませんか」

⑦　コンサルテーションを閉じる

・具体的な解決について取決めをする。測定可能な行動について何をすることになっているかを正確に確認する
・結果確認（フォローアップ）の面談の予約をする

このコンサルテーションはアドラー心理学の「不適切な行動の目的」の理論を中心に組み立てられ

ています。それを直接生徒に接するカウンセラーとしてではなく、教師へのコンサルタントとして間接的に応用しています。指示的でない丁寧な対応は「対等」の概念があればこそのものでしょう。そして、状況と結果を具体的に記述していくこともとても実践的です。

コンサルテーション／コラボレーションの話法

ディンクマイヤーらはコンサルテーションの流れは、話し、教授、助言、意見交換だけではなく、共有を促し、アイデアを展開するものになるべきであり、それゆえ、コンサルテーションの本質はコミュニケーションであると述べて、コンサルテーションに役立つ話し方の技法を提示しているので、ここに紹介します。[12]

①　コンテンツ（話の内容）に焦点化した技法

・話を続けることを勇気づける。「〜について教えてください」など
・信念を確認する。「あなたは〜だと信じているように思われます」など
・生徒との相互作用をシステム的に探索する以下のような質問をする

　あなたは何をしましたか
　その子は何をしましたか
　その子はどのように反応しましたか
　あなたはどのように反応しましたか
　あなたはどのように感じましたか

その子の反応に対してあなたは何をしましたか
あなたの反応に対するその子の反応は何でしたか

② 感情を引出し、感じることを勇気づける技法

これにより、教師が個人的感情に気づくようになり、コンサルタントは理解、感情、共感を表明することを可能とする。感情を引き出すことはコンサルテーションに全人的に関わらせることになる

・感情を言い換える
・感情を反射する
・沈黙

③ 自己理解と、相互作用における自身の役割についての気づきを促進するように設計された技法

・明確化「あなたは～と思っているのですね」など
・出来事の言い換え
・出来事とその隠れたメッセージの言い換え
・生徒との相互作用における心理的な動きを教師が見ることができるようにする質問

④ 新しい責任を促進するように設計された技法
教員と生徒の関係を改善する手順、及び、行動を修正する手法

・勇気づけ
・選択肢を探す
・教員の視野を広げ、代替案を提示する
・目標を設定する

・手順を設定する
・変化の戦略を策定する

これらはアドラー心理学の基本的カウンセリング技法を応用しており、①出来事、②感情、③認知、④選択というふうにまとめることができます。先のコンサルテーションとカウンセリングの違いの個所で、コンサルテーションはあまり私的情緒的に深入りしないと述べましたが、アドラー心理学のコンサルテーションにおいては、情緒的感情的な側面もアセスメントとコミットメントに活用されているのがわかります。これは私的な感情を探求するのではなく、生徒との相互作用で生起する感情というところがミソです。

コンサルテーションの事例

精神科クリニックでのカウンセリングではクライエントの話に登場する関係者に会うことはそう多くありません。それに比べて学校コンサルテーションは現場のただ中で、関係者への働きかけも可能です。つまり、多くのアクセス・ルートを作ることができるという強みがあります。

筆者はある教育委員会の招きで不登校対応のコンサルテーションをおこないました。これは不登校を抱える先生方と次々に一時間ごとに面談していくというもので、一度限りの一期一会のコンサルテーションです。そのうちのひとつの事例に登場した小六の花子さん（以下名前はすべて仮名、内容も架空）は二年程前から不登校ぎみです。担任の田中先生はその対処に苦慮されてコンサルテーションに来られました。元はといえば、部活で気が利かないと同級生に責められたことがきっかけで、部活だけでなく学校までも休みがちになりました。勉強はできるのですがテストの日に登校しなかったり、提出物を出さなかったりで担任も一喜一憂しています。放課後には友達と遊んだり塾に行ったりはできています。母親は心配はしているものの、兄が不登校だったときの学校の対応に不信感を持った経験もあり、無理に登校しなくてもいいと花子さんに言っています。

コンサルタントは担任の話に出てくる人物相関図（エコマップ）を紙に書いて共有しながら把握していきました。その上で、子ども、母親、担任の三者それぞれにアクセスできているリソースを探しました。そして、幾つかのルートを通して働きかける可能性を担任と一緒に検討しました。この事例は①担任と子ども、②担任と親、③親と子どもという三つの側面を区別して考えることで問題を整理しました。

まず、①の担任と子どもの関係は、担任だけでなく友達やクラスも含めて手伝ってもらうことを考えました。花子さんと遊んでいる友達に「協力」を頼んで働きかけてもらったり、あえて機会を作ってクラス行事に参加してもらったりするという案が浮かびました。花子さんが不適切な行動を示している学業の領域は避けて、課外活動で何かしら適度な責任を持たせるようにしてもらうことをコンサルタントは提案し、担任は実状に合った具体策を考えてもらいました。友達とうまくいかなかった子どもにとって、友達に必要とされる体験が勇気となるからです。コンサルタントは現場をわかっているわけではないので、方向性を示すことさえすれば、担任が考えた具体策でもかまわないのです。

次に②の担任と親ですが、親が子どもの登校に消極的だと担任は親と対立するのを躊躇してコミュニケーションが滞りがちになります。ここでも担任が親と対立ではなく「協力」の関係に持っていくことが望まれます。そこでまず、担任には子どもが関わっている養護教諭や担任を支援してくれている管理職に相談することがサポートになることを示唆しました。このような後ろ盾を得た上で、コンサルタントは担任が母親と正面切って話し合ってみることを勧めました。母親は学校に対して警戒的なので、母親の学校に対する不信に耳を傾けつつ、否定でも対立でもなく「協力」の関係を母親と築く姿勢で臨むというイメージを提示しました。

その上で、担任が③の親と子どもの関係を支援するような働きかけを提案しました。学校に行かなくていいという親の期待と、行きたいけど行けないという子どもの思いは異なっているようでした。花子さんの不登校という不適切な行動の目的は教員に対しては「注目」に該当するように見えますが、母親に対しては「権力」や「無力の提示」の意味合いがあるかもしれません。登校するポテンシャルがあるのにしない場合は、学校や友人や家庭などの関係がこじれていることが多いものです。おとなしい子どもの場合、親と戦うといっても、積極的な反抗ではなく、消極的な抵抗を示します。不登校はその表現形です。パワーのある母親は自分の要望や不安を子どもに押しつけます。ノーと言えるほど強くはないもののイエスと従うほど弱くはない子どもや、お母さんのことは好きだけれどもお母さんの指示には心苦しくも従えないという子どもは消極的に抵抗します。このような仮説は出すのですが、それよりも、そういう仮説をネタにしてお母さんと担任が話し合う機会を作ることが大切です。混じりあう母親と子の思いを峻別しつつ、子どもは不適切な行動で何をしようとしているのかを母親と担任がともに探っていくようにすることをコンサルタントは提案しました。

担任は親と話し合い、親は子育てを担任とともに考え、クラスと花子さんとのつながりを増やすという全体像への複数のアプローチが浮かんできました。最初は行き詰まり圧倒されていた先生が、「まだやれることはあるな」と思ってもらえればコンサルテーションは成功です。事例とその関係者を見渡してみると、「まだこの部分の情報は取っていなかった／こちらからは働きかけてはいなかった」などと助けてくれそうな人や方向性が見つかり「解決の糸口」を掴んだ感じになれます。さらに、「対立ではなく協力の姿勢」と、アドラー心理学で言うところの「代替案」があることを例示します。母親とのコミュニケーションを躊躇していた担任に対して、こちらが後押しすることで、担任には母親と腹を割って話そうという自信と見通しが湧いてきたように見受けられました。そうなれば、コミュニケーションが活性化し、この事例が進展していきます。コンサルタントは先生がこれから動き出す最初の滑り出しをスムーズにするヒントを提供し、たとえ仮説が間違っていたとしても別の視点や代替案でやってみようという「不完全である勇気」をもって「挑戦」するという姿勢を伝えていきました。

終わりに

総じてアドラー心理学とコンサルテーション／コラボレーションはなじみやすいものであること、特に「対等」や「協力」という概念が有用であることについて述べました。頭では対等と言っても、とかく人は上下関係や権力闘争という型に陥りがちです。アドラー心理学は勝ち負けの競争ではなく、個人を尊重しながら皆で協力していくというスタンスで取り組みます。

コンサルタントはアドラー心理学の理論と技法に助けられつつ担任との友好的な話し合いを展開していきます。担任も間接的にアドラー心理学を活用することになります。コンサルタントもアドラー心理学の姿勢を学校で使うなら役に立つコンサルテーションができます。他にもいろいろなアセスメントや技法はあるでしょうが、アドラー心理学をベースにすることで、有益な発想が生まれる可能性が広がります。

【文献】

（1）鈴木義也、「セラピーからコンサルテーションへ——心理臨床における新たな領域」、東洋学園大学紀要第十五号、二〇〇七年、七〇頁
（2）鈴木義也・八巻秀・深沢孝之、『アドラー臨床心理学入門』、アルテ、二〇一五年、二一頁
（3）（1）七六〜七七頁
（4）（1）七〇頁
（5）（1）七九頁
（6）Brown, D., Pryzwansky, W. & Schulte, A:（2006）. Psychological Consultation and Collaboration, Pearson. p.2.
（7）鈴木義也、「コンサルテーションからコラボレーションへ——コラボレーション・モデルを考える」、東洋学園大学紀要第十六号、二〇〇八年、七七頁
（8）（1）七七頁
（9）（7）七九頁
（10）Dinkmeyer, Don Jr. & Carlson, Jon.（2006）. Consultation——Creating School-Based Interventions. Third edition. Routledge. p.23.
（11）（10）p.61.
（12）（10）p.29.

あとがき

第1章でのべたように、アドラー心理学と学校臨床の歴史にはかなり長いものがあります。しかし日本ではまだ始まったばかりといえます。したがって、日本においてスクールカウンセリングにアドラー心理学を適用することについては、今後もさらに実践や研究を続けていく必要があります。

アドラー心理学の理論はとても包括的で、個人の内面から周囲との対人関係システムまで幅広くカバーしています。そのため個人カウンセリングでも強みを発揮しますが、家族など複数人との面接や親教育、教師とのコンサルテーションまで柔軟にこなすことができます。もちろん、アドラー心理学が単独で万能という意味ではなく、他のアプローチとの統合の仕方もとても大切です。私たちの経験では、アドラー心理学と臨床心理学の多様なアプローチとの併用は、とても良い感触でした。

筆者は、アドラー心理学はいわゆる「効果」という点でも決して悪くはないと思うのですが、それ以上にクライエントとの関係の質を高め、治療を促進する力があると思います。さらにはカウンセラー自身の人間的な成長に寄与するところが大きいと思っています。個人的には、アドラー心理学を学び、実践することは臨床家としても人としても、益するところがあると感じています。

それはアドラー心理学が理論や技術といった科学的な側面だけでなく、共同体感覚や勇気づけといった思想や価値観を大切にしている心理学だからです。本書では詳述しませんでしたが、アドラー心理学を学び、実践し、広めているのは、臨床や教育の専門家だけでなく、一般のさまざまな職種、立場の人々、何らかの問題や悩みを抱えている当事者や家族などすそ野が大変に広いことが関係していると思います。筆者の知る限り、このような平等性、公開性を実現している心理学派はほとんどありません。アドラー心理学を実践のプラットフォームにすることで、臨床や教育の心理学全体を見渡し、それらの本質的な要因を看取することができますし、具体的な技術を身につけ、さらに対人関係の幅を広げることができるようになります。学んで損はしませんよ。

私たち執筆者は主にヒューマン・ギルド（岩井俊憲代表）でアドラー心理学を学び、それぞれの臨床現場や日常生活で実践を試みてきた仲間です。また近年は様々な立場のアドレリアンの臨床家、教育者、研究者の交流の場として、「日本臨床・教育アドラー心理学研究会」（ＵＲＬ：http://adlerian.jimdo.com/）を立ち上げ、活動しています。本書によりアドラー心理学に興味を持たれたら、是非ご参加いただけると幸いです。アドラー心理学はまだまだ「宝の山」です。

本書の出版にあたって、長年にわたりアドラー心理学をご指導してくださいました岩井俊憲先生始め先達のアドレリアンの先生方、そして私たちに拙い実践の報告の機会を与えてくださったアルテの市村敏明氏に感謝します。最後に、貴重な時間を共に過ごしてくれた児童・生徒のみなさん、保護者や教職員の方々に心から感謝いたします。

二〇一五年八月末

深沢　孝之

執筆者紹介（執筆順）

船木　紫音（ふなき　しおん）
1973年、山梨県小菅村生まれ。都留文科大学、日本社会事業学校卒業後、医療ソーシャルワーカーとしてリハビリテーション病院勤務などを経て、山梨英和大学大学院人間文化研究科臨床心理学専攻修了。臨床心理士、社会福祉士。現在、東京都、埼玉県公立学校スクールカウンセラー。

山口　麻美（やまぐち　まみ）
1974年、千葉県生まれ。東京外国語大学外国語学部ドイツ語学科卒業。青山学院大学大学院教育人間科学研究科心理学専攻臨床心理学コース博士前期課程修了。臨床心理士、アドラーカウンセラー。現在、東京都公立学校スクールカウンセラー、南池袋クリニックカウンセラー。

志村　いづみ（しむら　いづみ）
1962年、山梨県生まれ。山梨大学教育学部幼児心理学専修卒業。臨床発達心理士、社会福祉士、アドラーカウンセラー。現在、山梨県スクールカウンセラー、山梨県立中央病院がん相談支援センター心理士、心理臨床オフィス・ルーエカウンセラー等。

橋口　誠志郎（はしぐち　せいしろう）
1973年、熊本県人吉市生まれ。桜美林大学大学院国際学研究科修士課程人間科学専攻臨床心理学専修修了。臨床心理士。現在、公立学校スクールカウンセラー、東洋学園大学非常勤講師。

夏見　欣子（なつみ　よしこ）
1972年、和歌山県生まれ。大阪千代田短期大学幼児教育科卒業。保育士として保育園勤務。アドラーカウンセラー。現在、和歌山県教育センター学びの丘教育相談員、和歌山県スクールカウンセラー。

八巻　秀（やまき　しゅう）
1963年、岩手県生まれ。東京理科大学理学部卒業、駒澤大学大学院人文科学研究科心理学専攻修了。臨床心理士、指導催眠士。現在、駒澤大学文学部心理学科教授、やまき心理臨床オフィス代表。著書に『アドラー心理学――人生を変える思考スイッチの切り替え方』（ナツメ社）、共著に『ナラティヴ、あるいはコラボレイティヴな臨床実践を目指す心理士のために』（遠見書房）、『アドラー臨床心理学入門』（アルテ）。

鈴木　義也（すずき　よしや）
東洋学園大学人間科学部教授。臨床心理士、学校心理士、ガイダンスカウンセラー、支援助言士。訳書に『はじめてのアドラー心理学』（一光社）、著書に『まんがで身につくアドラー』（あさ出版）、共著に『アドラー臨床心理学入門』（アルテ）。

◆編著者

深沢　孝之（ふかさわ　たかゆき）

1965年、山梨県生まれ。早稲田大学第一文学部心理学専修卒業、人間総合科学大学院心身健康科学専攻修了。臨床心理士、臨床発達心理士、シニア・アドラーカウンセラー。現在、山梨県スクールカウンセラー、心理臨床オフィス・ルーエ代表等。他に地域活動として山梨県臨床心理士会副会長、山梨県学校臨床心理士委員会委員長、全日本柔拳連盟甲府支部長（気功法、中国武術の指導）を務めている。監修に『「ブレない自分」のつくり方』（PHP研究所）、共著に『アドラー臨床心理学入門』（アルテ）、分担執筆に『子どもの心と学校臨床 第14号 2016年2月号』（遠見書房）。

アドラー心理学によるスクールカウンセリング入門
――どうすれば子どもに勇気を与えられるのか

2015年12月15日　第1刷発行
2016年 6 月15日　第2刷発行

編 著 者　　深沢　孝之
発 行 者　　市村　敏明
発　　行　　株式会社　アルテ
〒170-0013　東京都豊島区東池袋2-62-8
BIGオフィスプラザ池袋11F
TEL.03(6868)6812　FAX.03(6730)1379
http://www.arte-pub.com
発　　売　　株式会社　星雲社
〒112-0012　東京都文京区大塚3-21-10
TEL.03(3947)1021　FAX.03(3947)1617
装　　丁　　Malpu Design（清水良洋＋宮崎萌美）
印刷製本　　シナノ書籍印刷株式会社

ISBN978-4-434-21364-9 C0011